Gracia
El Deseo y la Habilidad de CAMBIAR

o

Yo Quiero BAILAR

Lynndon (Lynn) L. Thomas

Derechos de Autor © 2022 de Lynndon L. Thomas

Reservados todos los derechos. Ninguna parte de este libro puede ser reproducida o transmitida de ninguna forma o por ningún medio, electrónico o mecánico, incluyendo fotocopias, grabaciones, o por cualquier sistema de almacenamiento o recuperación de información.

El editor de este libro es:

> El Consejo Ministerial de la Iglesia Presbiteriana Cumberland

Esta edición fue publicada por Lynndon L. Thomas, y el editor es responsable de la distribución de esta edición. Para obtener información sobre el permiso para reproducir esta edición (primera edición) del libro, comuníquese con:

> Manager de Publicaciones,
> Equipo Ministerial de Comunicaciones,
> Centro Presbiteriano Cumberland,
> 8207 Traditional Place
> Cordova (Memphis), Tennessee, 28016-7414

El autor, Lynndon L. Thomas conserva todos los derechos y permisos de publicación y distribución.

Lynndon L. Thomas
Lynndont@gmail.com
Birmingham, Alabama (USA)
4833 Caldwell Mill Lane
Birmingham, Alabama 35242

Las versiones impresa y digital son de Amazon. La imagen de la bailarina utilizada en la portada del libro es una copia de una acuarela de la Directora de Arte Superior del Consejo Ministerial, Sowgand Sheikholeslami.

A menos que se indique lo contrario, las escrituras citadas en este libro son de la Nueva Versión Internacional – NVI ©

Primera Edición 2022

ISBN: 978-1-945929-39-7

Gracia
El Deseo y la Habilidad
de
CAMBIAR

o

Yo Quiero BAILAR

Tabla de Contenido con Secciones

INTRODUCCIÓN 1

1. CAMBIO: ¿POR QUÉ NO PUEDO DANZAR?
NUNCA SUBESTIME LA CAPACIDAD HUMANA DE VIVIR COMPLACIENTEMENTE EN UNA MALA SITUACIÓN. 6

NICODEMO Y EL NUEVO VIENTO 7
QUERER CAMBIAR 9
LA DESCONCERTANTE PALABRA "GRACIA" 11
MISERICORDIA Y GRACIA 14
TODO MISERICORDIA Y NADA DE GRACIA – UN MUNDO SIN BAILE 18
LA GRACIA NOS INSPIRA A BAILAR 20

2. LA FUERZA: LAS "GANAS" DE BAILAR
NUESTROS CORAZONES SE INUNDAN CON NUEVOS DESEOS DE VIVIR VIDAS SANTAS. 23

¡SOLO HAZ LO BUENO! 24
AGUSTÍN, LA GRACIA ES UNA FUERZA 26
LA LISTA DE LAS COSAS POR HACER 29
AQUINO, GRACIA E IDENTIDAD 34
TENEMOS QUE VOLVER AL BAILE 38

3. AMOR: LA DANZA QUE DEBEMOS BAILAR
PODEMOS AMAR PORQUE LA GRACIA INSPIRA ACTOS DE AMOR. 41

LA BASE DE LA VIDA VIRTUOSA 42
LA DANZA DE LA TRINIDAD 44
SHALOM 47
DRAMA Y REVELACIÓN HUMANO/DIVINAS 49
MATRIMONIO, MODELANDO LA UNIDAD DE DIOS 53

La Gracia Revela la Naturaleza de Dios 54
La Danza del Honor 56
Comunión 59
Perdón 60

4. Hacer el Bien: Bailar es lo Que Nos Hace Bailarines
Los humanos obedecen lo que les da placer. 63

La Gracia es Mas Que Una Esperanza Futura 63
Obedeciendo lo Que Nos Da Placer 66
El Problema de la Gracia como Identidad 69
Por qué la Gente Hace Buenas Obras 74
El Problema de la Gracia como Aceptación 78
Tratando de Explicar Gravedad y Gracia 82

5. Salvación: Empezando el Baile
La gracia fue a la guerra contra la pasión de ser egoísta y egocéntrica. 85

La Política es Dura con la Teología 85
La Iglesia Salva 87
La Autodisciplina Salva 89
Nuestras Dos Naturalezas 91
Responsabilidad Humana: Gracia Dada por Dios a los Escogidos 94
Responsabilidad Humana: Gracia Ofrecida por Dios y Aceptada 96
Ahora al otro lado de la moneda de la gracia. No todos los católicos romanos o protestantes creían que Dios impuso la gracia a un grupo seleccionado. En cambio, algunos promovieron la idea de que la gracia estaba universalmente disponible para todas las personas y solo debía ser aceptada. 96
Gracia a Través de los Sacramentos 101
La Salvación Definida por la Experiencia Humana con la Gracia 104
La Chispa Que Inicia el Cambio 110

6. SANTIFICACIÓN: LA MOTIVACIÓN PARA BAILAR BIEN
LA GRACIA PRODUJO OBRAS QUE PRODUJERON MÁS GRACIA Y MÁS OBRAS. 114

La Gracia Fluye de la Humildad 115
La Gracia Produce Mas Gracia – El Efecto Bola de Nieve...............119
Mansedumbre..125
Los Derechos, El Enemigo de la Gracia 131
Servidumbre 133
Compasión...137
Amor 139
Las Muchas Fuentes de la Gracia 140

7. NUESTRA VOCACIÓN Y DONES: MI DANZA
"PERO POR LA GRACIA DE DIOS SOY LO QUE SOY." (PABLO) 145

Nuestra Vocación 145
Dones Espirituales...149
Los Siete Dones de la Gracia 153
Gracia y Disciplina...159
La Gracia y la Voluntad de Dios Para Nuestras Vidas 163
El Problema del Orgullo y Conocer la Voluntad de Dios 165
Siguiendo los Pasos y Usando la Gracia Para Saber Que Hacer...........168

8. LAS ESCRITURAS A LA LUZ DE LA GRACIA: EL MANUAL DEL BAILARÍN
ESTAMOS EN UN NUEVO PACTO QUE POTENCIA LA TRANSFORMACIÓN. 172

La Gracia 172
La Gracia Profetizada 174
Fe y Gracia..176
Jesús, Lleno de Gracia...178
Los Actos Poderosos de la Gracia 180

Gracia y Humildad 181
Gracia y Rectitud 182
Gracia y Obras 186
Gracia Humana – Las Obras Importan 191
El Enemigo de la Gracia 192

9. CONCLUSIÓN: QUIERO ~~CAMBIAR~~ BAILAR 193

Gracia, una Fuerza desde la Creación 193
Volviéndose Aceptable 199
No Soy Impotente Porque Quiero Bailar 202

BIBLIOGRAFÍA 206

Dedicado a mi hija

Reverenda Micaiah Thomas Tanck

La Bailarina

Introducción

¿Por qué nos sentimos impotentes para cambiar? Aquí está la buena noticia: podemos cambiar. Claro, dices, ¿no es el cambio un problema de motivación? Solo necesitamos tener la voluntad de cambiar. Donde hay voluntad, hay una forma de cambiar. Pero aquí hay una noticia aún mejor: Dios puede darnos la motivación, la pasión y la voluntad de cambiar. Dios también puede darnos las habilidades para cambiar.

Usted aprenderá del teólogo romano del siglo IV llamado Agustín, del norte de África, que el cambio es posible. Este famoso teólogo cristiano cambió el mundo cuando explicó la gracia. Aclaró la idea de que la gracia viene del Espíritu Santo, afectando nuestras vidas como un viento impetuoso. La gracia nos cambia para que deseemos lo que agrada a Dios. Agustín explicó que era posible vivir con rectitud de manera que agradara a Dios y no ser miserable al hacer el bien. Lamentablemente, algunas de sus ideas revolucionarias fueron ignoradas y muchas se perdieron en el tiempo. Siglos de tiempo y eventos harán eso, y se pueden perder ideas importantes. Vamos a redescubrir esos asombrosos conceptos. Podemos vivir vidas santas y vivir en libertad, viviendo como queremos vivir. ¿Cómo? Por gracia.

Gracia, El Deseo y la Habilidad de CANBIAR, o Yo Quiero BAILAR, es el título de este libro, después de varias otras consideraciones. Uno de los títulos considerados fue, *La historia de la Gracia*. Las personas, la tecnología, los países e incluso las ideas tienen historia. Aunque este libro traza la historia del "concepto" de la gracia desde el siglo IV hasta la actualidad, este libro es más que un libro de historia sobre la gracia. Otra idea para un título fue, *Gracia: El Poder Interior*. La gracia se ha explicado a lo largo de gran parte de la historia como una fuerza que sana cambiando comportamientos. Decidí que el contenido del libro reflejaba con mayor precisión cómo cambiar. También consideré el título, *Gracia Malentendida*. Lamentablemente, el concepto de gracia se debilitó debido a las batallas teológicas en la historia de la iglesia. Como resultado, su significado clásico original es desconocido para muchos cristianos. Este libro nos remonta a la historia y revela una verdad que fue revolucionaria y luego oscurecida por excesos y controversias en la Iglesia. Como resultado de la niebla creada por el conflicto en la iglesia, se entendió mal la gracia y hubo confusión sobre la salvación y la transformación.

Llegué al título de este libro porque la conclusión es que la gracia puede transformar nuestras vidas como una corriente de electricidad puede energizar un motor. La gracia es la fuerza, el poder que hace que las cosas sucedan en nuestras vidas. Y se puede activar y utilizar para realizar cambios. Si eres de los que sienten que las cosas deben cambiar, pero no están seguros de cómo hacerlo, bueno, la gracia es la respuesta.

Temprano en la vida, tuve la suerte de escuchar la gracia definida de una manera útil. Alguien dijo en una conferencia, la gracia es Dios en nosotros, haciéndonos dispuestos y capaces de hacer la voluntad de Dios. Más tarde supe que ésta era la definición clásica y antigua de gracia. A medida que pasaban los años, me quedé perplejo por el hecho de que esta comprensión clásica de la gracia como una fuerza de cambio hubiera sido reemplazada por la idea de la gracia como un estado del ser. A medida que crecí en mi fe y luego experimenté el llamado de Dios a ser ministro y misionero, mis estudios teológicos me ayudaron a comprender cómo la gracia se había transformado de una fuerza de cambio a un concepto impotente. Comenzar iglesias y capacitar líderes me obligó a estudiar y reflexionar. Me di cuenta de que muchos pastores y líderes de iglesias no tenían claro qué era la gracia. Para muchos, la gracia no fue una fuerza de cambio; era solo una nueva comprensión de uno mismo.

La idea común que escuchamos es que, por la gracia de Dios, Dios acepta a las personas a pesar de que son personas horribles. Por tanto, la gracia es la realidad de que soy aceptado. Esto es cierto. Soy consciente de que Dios me acepta como pecador. Pero la gracia no es aceptación; es una fuerza de cambio. El concepto de gracia que me enseñaron, la comprensión clásica de la gracia es que la gracia es transformadora. La gracia me está haciendo diferente. En este contexto funciona como un verbo, una acción, un poder. La gracia es una fuerza de cambio y podemos activarla. La gracia no es cosa de una sola vez. Es una fuerza dinámica que nos cambia y nos guía. La gracia es una acción continua.

La gracia, una vez encendida, produce un rugiente fuego de cambio. Dios nos acepta y somos indignos, pero eso no es gracia. La gracia es mucho más; es un viento que nos traslada a nuevos lugares. Nos hace diferentes. Como un velero navegando en alta mar, cabalgamos sobre los vientos de la gracia.

Si la gracia es una fuerza que nos cambia, un viento que nos mueve, entonces debemos entenderla y saber cómo poner nuestras velas para atrapar el viento. Lo que hace que la gracia sea "asombrosa" es cómo la obtenemos y cómo nos cambia y nos guía. Este libro analiza la historia de la gracia y cómo los primeros teólogos interpretaron la Biblia y definieron la gracia. Recurriré a la historia para redescubrir la gracia. Piense en los teólogos como intérpretes de las escrituras. Leen la palabra de Dios, la piensan dentro de su contexto y desde su experiencia con Dios, y explican lo que significan esas escrituras. Escuchará a muchos teólogos diferentes en este libro que provienen de diferentes orígenes.

El capítulo 1 analiza el problema motivacional del cambio. Para cambiar, debemos tener un viento que nos empuje a ser diferentes. Debemos tener la voluntad de cambiar. En el Capítulo

2, descubrimos las ideas de los primeros teólogos, que revelan una nueva comprensión de lo que es la gracia y de cómo somos cambiados. La gracia llega al corazón del deseo humano. En el Capítulo 3, exploraremos cómo se ve la gracia en la vida del cristiano. La gracia inspira el amor que lleva a la pertenencia. El capítulo 4 analizará cómo interactúan la gracia y las buenas obras. El amor implica obras virtuosas. El Capítulo 5 explora diferentes puntos de vista sobre el origen de la gracia y cómo se puede activar. Incluso miramos la gracia desde una perspectiva científica y psicológica. El capítulo 6 analiza cómo vivir una vida que se transforma constantemente por la gracia. La gracia nos cambia al motivar nuevas habilidades de simpatía. El capítulo 7 habla de cómo la gracia nos hace a cada uno de nosotros una persona única y cómo nos muestra la voluntad de Dios para nuestra vida. La gracia nos da nuestra personalidad. El capítulo 8 comparte muchos pasajes de la Biblia, explicándolos a la luz de la gracia como una fuerza de cambio en nuestras vidas. El capítulo 8 puede ser el más emocionante porque explica escrituras famosas a la luz de la gracia transformadora. Para algunos, esta puede ser la primera vez que estos versículos ahora tengan sentido. Finalmente, el último capítulo proporciona una conclusión y un resumen del libro. Mientras lee este libro, creo que tendrá un viaje increíble.

Uno de los aspectos fascinantes del estudio de la gracia es cuántos teólogos recurren a Agustín para comprender la gracia. Aurelio Agustín de Hipona (la actual Annaba, Argelia) fue un renombrado líder de la iglesia primitiva. Fuera del apóstol Pablo, Agustín probablemente tuvo la mayor influencia en la teología fundamental en la Iglesia Católica Romana y la Iglesia Protestante. A menudo se le conoce como el doctor de la "gracia". Muchos teólogos famosos católicos y protestantes fueron estudiantes de las ideas de Agustín. Los grandes reformadores protestantes, como Lutero y Calvino, eran estudiantes de teología agustiniana y creían que sus ideas de la Reforma tenían sus raíces en Agustín. Ningún teólogo clásico (católico o protestante) está en desacuerdo con la comprensión de Agustín, de la gracia, como fuerza curativa. Curiosamente, muchos movimientos de reforma de la iglesia, tanto católicos como protestantes, pueden tener sus raíces en alguien que estaba estudiando a Agustín. Volviendo a Agustín y siguiendo el desarrollo de la teología de la gracia, creo que podemos redescubrir cómo deleitarnos en el cambio. Esa fue la idea innovadora de Agustín: el cambio puede ser placentero.

    La teología tiende a ser abstracta, es decir, la teología tiende a ser filosófica y no visual. Este libro usa la analogía del baile para ayudar a visualizar lo que hace la gracia. Mi hija fue una bailarina de balé consumada durante muchos años. Vi mucha danza y vi cómo los bailarines se desarrollaban y cambiaban a medida que danzaban. Después de unos años, pude ver a un bailarín simplemente por cómo se movían y se paraban. La danza los cambió. También vi a la comunidad de bailarines hacerse amigos y enamorarse unos de otros mientras bailaban. Me di cuenta de que bailar producía cambios en cada bailarín. Sus cuerpos cambiaron y adquirieron habilidades como bailarines. También produjo una comunidad. Bailar era su forma de pertenecer y ser aceptado. Se convirtieron en una compañía de artistas. Espero que, al usar la danza como ilustración visual, puedas comprender los conceptos. Sobre todo, mi objetivo es mostrar un camino para el cambio, la espiritualidad, la misericordia y la libertad en Cristo que es una delicia. ¡Usted puede bailar!

1. Cambio: ¿Por qué no puedo danzar?
Nunca subestime la capacidad humana de vivir complacientemente en una mala situación.

Pablo siempre me ha fascinado. Aparece por primera vez en la Biblia (Hechos 8) como un fanático religioso odioso. Es un fariseo, apasionado por la erradicación de los herejes. Su método para lograr la pureza religiosa es la muerte a manos de una turba enfurecida. Me gustaría tomarme un momento para hablar sobre Saulo, el alter ego malvado de Pablo.

Saulo era un hombre religioso muy culto. Dijo esto sobre sí mismo (Gálatas 1:14), y todos confirmaron que era un fariseo de fariseos (Hechos 23: 6). Hablaba abiertamente de su fe y era tan celoso que cualquier amenaza a la pureza de su fe judía se enfrentaba a una confrontación. Saulo no era un creyente discreto y de voz suave. Participó de buena gana en los escuadrones de la muerte que perseguían a los herejes judíos. Como resultado, se encontró con seguidores judíos de Jesús. Estos seguidores de Jesús, que en ese momento no se llamaban cristianos, eran judíos descarriados en la mente de Saulo. Su eliminación de la sociedad judía era la única forma de proteger la verdadera fe, en opinión de Saulo. No había lugar para la diversidad de pensamiento en el mundo de Saulo. Conocemos a Saulo por primera vez en una turba de fanáticos sedientos de sangre, mientras la turba asesinaba a Esteban, un joven seguidor de Jesús (Hechos 7 y 8). Esteban fue apedreado hasta morir por una banda de hombres, una muerte pública y tortuosa diseñada para enviar un mensaje.

El próximo encuentro con Saulo es la experiencia del Camino a Damasco (Hechos 9). La yuxtaposición de estas dos historias destaca la magnitud de la historia del Camino a Damasco. Saulo viajaba a Damasco para encontrar y encarcelar a más herejes. Era el talibán del judaísmo. Hubo un destello del cielo; cayó al suelo, quedó cegado y escuchó una voz. La voz preguntó por qué él, Saulo, perseguía a Dios, y la voz dijo que esperara más instrucciones. Saulo fue llevado a Damasco. Dios habló con un seguidor de Jesús que vivía en Damasco llamado Ananías y le dijo que buscara a Saulo. Irónicamente, Ananías fue probablemente uno de los herejes que Saulo fue enviado a arrestar. Saulo encontró a Dios en el camino a Damasco, y Ananías ayudó a explicar lo que realmente había encontrado. Saulo había encontrado a Jesucristo. Hechos 9, 22 y 26 son tres relatos de su dramática conversión. Y en las cartas de Pablo, vemos su explicación de su notable conversión a Cristo. Su nueva vida pasó de las tinieblas a la luz, de ser un asesino intolerante a un apóstol amoroso. Pablo explicó que él había sido el primero de los pecadores, y la Biblia registra que cambió drásticamente (1 Timoteo 1: 12-15). Saulo fue cambiado de un asesino de cristianos a un misionero cristiano. Este libro analiza el cambio: cómo ser diferentes de lo que somos. Si el cambio de Pablo pudo ser tan dramático y rápido, hay esperanza para todos nosotros.

Nicodemo y el nuevo viento

El sacerdote Católico Romano Juan Luis Segundo (1973, 2:59–62) cuenta la historia de Nicodemo en su libro Gracia y la Condición Humana. Nicodemo era fariseo y miembro del Sanedrín. Era un hombre de Dios respetado y consumado. No era como los otros fariseos. Era de mente abierta, amable y estaba dispuesto a involucrar a personas que no entendía. Lo vemos tres veces en el Evangelio de Juan: en su primer encuentro con Jesús, su defensa de Jesús ante el Sanedrín y su participación en la ayuda con el entierro de Jesús. Ciertamente no era como el fariseo Saulo, que era de mente estrecha y hostil contra cualquier judío que explorara nuevas ideas sobre el judaísmo.

Nicodemo se acercó a Jesús una noche para preguntarle quién era y qué estaba haciendo. Nicodemo dijo que sabía que Jesús era un maestro y un hombre enviado por Dios. Estaba allí para obtener una nueva perspectiva sobre el Reino de Dios. El fariseo virtuoso y piadoso estaba a punto de hacer temblar su mundo. Jesús respondió: "Tienes que nacer de nuevo" (Juan 3: 3). Nicodemo estaba confundido. Jesús aclaró: "El que no naciere de agua y del Espíritu, no puede entrar en el reino de Dios" (Juan 3: 5). Nicodemo estaba allí para preguntar sobre el Reino de Dios, pero la respuesta de Jesús no encajaba con nada de lo que había escuchado o estudiado. Tenga en cuenta que Nicodemo era un buen fariseo; no solo era fiel y consumado, sino que también era un buen tipo. No exigió respeto de Jesús ni se jactó de quién era.

Nicodemo estaba buscando algunos consejos para mejorar, pero Jesús dijo que tenía que empezar de nuevo. Jesús desafió al fariseo a un nuevo comienzo. Más tarde aprendemos que Jesús quería decir que el nuevo comienzo implica entrar en el nuevo pacto. En otras palabras, Dios nos transforma. Dios, por Su Espíritu, se infunde en nosotros. Karl Rahner, un famoso teólogo católico, explica que por gracia, somos "divinizados" (Rahner 1961, I:299). El nuevo nacimiento es una existencia completamente diferente, como nacer de nuevo. Nos volvemos diferentes; cambiamos. La esencia de la salvación es el cambio. ¿Qué impulsa esta nueva existencia?

Jesús nunca había sido más claro sobre el Reino de Dios: "El viento sopla por donde quiere, y lo oyes silbar, aunque ignoras de dónde viene y a dónde va. Lo mismo pasa con todo el que nace del Espíritu" (Juan 3: 8). Segundo llama a la experiencia de gracia el " nuevo viento" (Segundo 1973, 2:59–60). La gracia de Dios es el viento de Dios. Viene del Espíritu de Dios y trae nueva vida al dar a luz todo lo nuevo. Nacemos con nuevos deseos, nuevas pasiones, y nuevas habilidades. Todas estas cualidades provienen de Dios y se infunden en el creyente. La gracia es el viento que nos mueve a ser lo que nunca hemos sido. Somos "nacidos" de nuevo.

Querer cambiar

Probablemente ninguno de nosotros esté satisfecho con quiénes somos o con las cosas que hacemos. Deseamos ser más amables, más cariñosos, desinteresados, compasivos. Ojalá tuviéramos más autocontrol, mayor pureza de pensamiento, que fuéramos mejores en el manejo de nuestro tiempo, peso, dinero, palabras, ira y emociones. Deseamos ser más como Cristo, una persona más espiritual. Los deseos a menudo nos desvían y luego nos aplastan. Amamos mal, actuamos mal y hablamos mal. Sabemos cuándo nos equivocamos porque nuestros apetitos destructivos conducen a relaciones rotas y dolor. Nuestras pasiones conducen al conflicto y la soledad. Nuestras pasiones, que alimentan nuestro comportamiento, se sienten como una adicción de la que no podemos escapar.

He observado personas enérgicas, optimistas, amigables, exitosas y amables. ¿Cómo puedo ser como ellos? Noto a los piadosos, lo devotos que son. ¿Cómo puedo ser así y no sentirme miserable? Un joven me dijo una vez que no podía ser cristiano. Sería miserable, afirmó. Se rió mientras se preguntaba por qué alguien renunciaría a su felicidad para ser un cristiano infeliz. Aclaró que le encantaba la fiesta y que ser cristiano sería lúgubre. Pensaba que ser cristiano era una vida en la que se negaba el placer y estar sólo. La pregunta es, ¿podemos cambiar y encontrar el cambio agradable? ¿Podemos ser justos y no vivir una vida monástica de aislamiento? El temor de que la fe y el placer sean experiencias separadas hace que muchos cuestionen el valor de la fe. ¿Es posible ser diferente, amoroso, espiritual, modesto, moral y entusiasta por ser así? ¿Puedo ser feliz y santo?

El teórico del cambio organizacional John Kotter (2012, 41) de la Facultad de Negocios de Harvard explica que nunca se debe subestimar la capacidad humana de vivir con complacencia en una mala situación. He conocido a personas cuyo comportamiento conduce a una vida de miseria. Me pregunto por qué continúan viviendo de la manera disfuncional que lo hacen. Obviamente, incluso el espectador casual cree que necesita cambiar. Me pregunto: "¿Por qué no pueden cambiar?" Kotter observa que se necesita una crisis para encontrar la motivación para hacer cambios (2012, 43). Como señala Kotter, la motivación para cambiar es la clave para cambiar. Puede que a la gente no le guste cómo están las cosas, pero no quieren cambiar. Ese es el punto de Kotter: seguimos viviendo en una mala situación porque no estamos motivados para ser diferentes. ¿Cómo podemos encontrar la motivación para cambiar?

Este libro explora dónde encontrar la motivación para cambiar y cómo es el cambio. El cambio puede ser tan placentero como tener hambre y comer su comida favorita. El enfoque de Kotter para el cambio, que era menos agradable, era motivar el cambio por la fuerza. El gerente puede amenazar con el despido o anunciar la inminente quiebra de la empresa si las personas no cambian. La intimidación puede hacer que una empresa cambie. Ser obligado a ser diferente no es una forma placentera de ser diferente. Además, el cumplimiento de la visión del gerente puede no resultar en el éxito. Ese enfoque es como ser un prisionero, y todos los días, uno se ve obligado a vivir de cierta manera. ¿Puede el cambio ser algo que uno quiera hacer, en lugar de verse obligado a hacer? ¿Qué podemos cambiar para encontrar el éxito y prosperar en la vida? Con respecto a nuestro caminar en la fe, ¿puede cambiar la libertad de actuar de maneras que sean agradables a Dios y agradables para nosotros?

Quiero vivir en libertad, en lugar de estar obligado a vivir de cierta manera. Como cristiano, también quiero vivir como Dios espera que viva, y también quiero disfrutar de la forma en que vivo. Estoy de acuerdo con mi joven amigo fiestero; No quiero vivir con rectitud y ser miserable. Quiero que la rectitud sea una actividad placentera, como pescar, hacer jardinería, jugar con los niños, tomar un helado con los amigos, montar a caballo, tomar el sol en la playa o bailar. ¿Qué pasaría si pudiera ser diferente, ser como Dios espera que sea, y al mismo tiempo encontrar la paz y la libertad de esa manera? Ese es el problema que vino a solucionar la gracia.

La desconcertante palabra "Gracia"

La palabra gracia es utilizada universalmente en tonos sombríos por cristianos y no cristianos para autorreflexión y sinceridad ilícita. El himno "Gracia Maravillosa" es tan universal que incluso los no religiosos lo usan para transmitir autenticidad. En todo caso, este abrazo universal de la gracia confunde lo que es la gracia. El uso casual de la palabra "gracia" es omnipresente y su significado no está claro. Gracia no es una bahía apacible y tranquila; es un viento rugiente en alta mar. El Espíritu Santo es una persona y la gracia es una fuerza que proviene del Espíritu de Dios. Es un viento dinámico que nos mueve. Gracia hace cosas dentro de nosotros que nos cambian.

El lenguaje, dicen los lingüistas, es complicado. Puedo buscar una palabra en un diccionario y tener una comprensión parcial de la palabra. Es como mirar una casa a través de una tubería: puedo ver parte de la casa, pero no veo toda la casa, y ciertamente no veo el patio ni la comunidad. Una palabra tiene un significado, pero ese significado no es una definición simple. La palabra representa una idea, un mensaje, una historia que viajó en el tiempo y a través de culturas. Para comprender completamente una palabra y su mensaje, es necesario interpretar la palabra. La idea de interpretar es explicar el significado de una palabra, su mensaje, su historia, y su historia dentro del contexto del oyente (Moreau, Greener, and Campbell 2014, 73–74).

Por ejemplo, la palabra arroz significa algo diferente para un europeo que para un latinoamericano. El arroz es un alimento básico en América Latina. Se come todos los días y, a menudo, se come en más de una comida durante el día. Solo esta frase coloca al arroz en un contexto diferente para la mayoría de los lectores europeos. El arroz no es un acompañamiento ocasional; es la base de la mayoría de las comidas latinoamericanas.

La historia de la palabra gracia comienza en la antigua Grecia. La palabra *charis* se usó inicialmente para significar "deleite" o "estar encantado con algo hermoso". La palabra sugiere que algo es agradable o que se desea algo. La gracia es la atracción que uno siente en el corazón cuando ve algo asombroso. Los antiguos griegos también usaban la palabra para referirse al sentimiento de bondad que siente una persona después de recibir un bonito regalo. Al igual que los griegos, los primeros romanos explicaron que la gracia era el favor que los dioses sienten hacia sus devotos. Los adoradores dan regalos a los dioses y los dioses se complacen. Puede ver este concepto en el Antiguo Testamento en Génesis 6: 8. Noé se destacó en un mundo de maldad como un hombre virtuoso. Dios sintió favor, deleite y gracia hacia Noé y decidió salvarlo a él y a su familia. Dios se deleitó en la vida virtuosa de Noé, aunque estaba rodeado de maldad. Este sentimiento de deleite es la idea griega/romana de la gracia. Dios está lleno de gracia, pero Dios también le da gracia a la humanidad.

Una vez que experimentamos a Dios, luchamos por encontrar palabras para explicar nuestra experiencia. Las únicas palabras que tenemos son las de nuestra cultura. Por lo tanto, hacemos lo mejor que podemos con las palabras que tenemos. Los escritores del Nuevo Testamento eligieron la palabra griega gracia, que en griego es *charis* (Χάρις) como un concepto importante para explicar la participación de Dios en la vida de un cristiano. En español, las palabras *carisma y carismático* provienen de esta palabra griega. En ambos casos, la palabra tiene que ver con entusiasmo o pasión. Los primeros cristianos entendían la gracia como un acto del poder de Dios. La gracia era un poder sobrenatural que habitaba en los cristianos (Kittel and Friedrich 1974, IX:376). En general, la gracia se definió como una asistencia sincera de Dios (1974, IX:377).

Los primeros cristianos miraron el libro del Éxodo y tradujeron los textos hebreos de la Biblia usando la palabra gracia para describir lo que los egipcios sentían acerca de los judíos del Éxodo. Los egipcios les dieron a los judíos regalos y dinero cuando se fueron (Éxodo 3:21). Los judíos eran atractivos (favorecidos) a los ojos de los egipcios y querían ayudarlos. Esta motivación para dar se entendió como gracia (1974, IX:379). En el caso del Éxodo, encontrar el favor de alguien y recibir un regalo de él se entiende como experimentar la gracia. Algo los motivó a dar de buena gana, y esa motivación se entendió como gracia.

En los escritos del Nuevo Testamento de Pablo, la gracia es un concepto central. La salvación viene por medio de la gracia (Romanos 3:23-24). La gracia es un poder transformador de Dios (Romanos 5:20-21). Como verá en el próximo capítulo, la gracia es un poder que se dirige a la motivación y las pasiones humanas, y produce buenas obras al influir en los deseos (2 Corintios 9:8) (1974, IX:396). Los cristianos del Nuevo Testamento usaron la palabra *gracia* desde la perspectiva griega. La gracia se entendía como una fuerza que podía cambiar a una persona.

Uno de los problemas con la palabra gracia en español es, español. El origen de la palabra gracia se basa en la palabra latina *gratia* y no en la palabra griega *charis*. Como resultado, la palabra *gracia* se asoció con las ideas de "gratis" y "gracias". El *agradecimiento* ("gracias") y la *gratificación* ("obsequio" o "propina") se basan en la palabra latina *gratia*. *Dar gracias* es hacer una oración a la hora de comer, y significa dar las gracias por la comida.

El sacerdote jesuita y teólogo Roger Haight (1979, 6–7) señala que hay confusión sobre la palabra gracia. Con el tiempo, se han ido tejiendo muchas ideas diferentes en la palabra. Los cristianos han perdido su mensaje único. La gracia se ha convertido en un sentimiento difuso, una canción, una belleza, una gran expectativa de que todo saldrá bien. Como se puede ver, incluso la traducción de la palabra cambia su significado. La gracia griega (*charis*) es pasión y la gracia latina (*gratia*) es agradecimiento. La gracia se usa entre los cristianos para cubrir un amplio espectro de ideas. Para recuperar su significado y apreciar la gracia como el poder de Dios para cambiarnos, es necesario aprender el significado de la palabra tal como fue entendida en el Nuevo Testamento e interpretada por la iglesia primitiva. Gracias al doctor de la gracia, Agustín, podemos redescubrir el poder de la gracia.

Misericordia y Gracia

Antes de hablar de la gracia, debemos hablar de la misericordia. Parte de la confusión sobre la gracia es que la palabra *gracia* se usa a menudo en lugar de *misericordia*. El entendimiento moderno de gracia es la aceptación inmerecida de

Dios. Dios ama a los que no merecen ser amados. Dios acepta a los pecadores. Como una sombra que fluye sobre una persona, tal es el amor de Dios. La gracia no es una fuerza en nosotros; es una fuerza que fluye sobre nosotros. Dios nos acepta. La gracia es el sentimiento benevolente de Dios hacia el pecador.

Agustín, el antiguo teólogo del norte de África, explicó que la misericordia es la intervención de Dios. Dios decidió inmiscuirse en el problema del pecado de la humanidad, aunque Dios no fue invitado por la humanidad, ni la humanidad merece la intervención de Dios (Augustine 2011, 14). Agustín usó a Pablo como ejemplo. Pablo persiguió a la Iglesia; era un enemigo de Dios y del pueblo de Dios. Pero Dios intervino en la naturaleza pecaminosa de Pablo y le mostró misericordia al darle gracia a Pablo (Augustine 2011, 10). Dios aceptó al inmerecido Pablo (misericordia), y luego Dios le dio la gracia. Agustín claramente las vio como dos cosas diferentes.

El escritor y orador evangélico Chuck Swindoll es representante de la definición protestante moderna de la gracia. Swindoll dice que la gracia es "extender un favor o amabilidad a alguien que no se lo merece o que nunca podrá ganárselo" (Swindoll 1990, 9). Esta idea de gracia es muy similar a la idea de misericordia. Swindoll nos presenta la idea de la gracia como misericordia, que es ser amado cuando no se merece ser amado. Otro ejemplo de llamar "gracia" a la misericordia se encuentra en el libro de *Teología Integrada* de Lewis y Demarest (1996, 221). Este libro de teología sistemática dice que la gracia es la compasión benevolente de Dios y la misericordia es la compasión de Dios. Uno puede ver la confusión que crea esta interpretación. ¿Hay alguna diferencia entre la compasión benevolente y la compasión? ¿Hay dos tipos de amor? ¿Es la gracia un amor mayor y el amor un amor menor?

Estas interpretaciones de la palabra *gracia* ilustran las deficiencias asociadas con definir la gracia con la definición de misericordia. Básicamente, no hay diferencia: la gracia se entiende como amor desatendido, y la misericordia también es amor inmerecido.

Repasemos la idea de la misericordia de Agustín y la intervención de Dios. ¿Recuerda la historia de Saulo en el camino a Damasco? Dios lo inició. Dios se acercó a un asesino, un asesino que no lo merecía, y se ofreció a sí mismo a Saulo. Esta intervención de Dios es la misericordia clásica, motivada por el amor. El rayo de luz que golpeó a Saulo debería haber sido un rayo que vaporizó a Saulo; eso hubiera sido justicia. Dios pasó por alto la naturaleza asesina y la vida malvada de Saulo y le mostró misericordia. Dios no hizo que Saulo pagara por sus pecados (es decir, la muerte). Dios le habló a Saulo, un pecador y perseguidor de la Iglesia en el camino a Damasco, mostrándole misericordia a Saulo. El acto de acercarse a Saulo, un pecador, y aceptar a Saulo, un pecador, fue un acto inmerecido de misericordia. Saulo no merecía la intervención de Dios.

Después de la intervención de Dios, Dios le dio a Saulo el don de la gracia. El acto de intervención, mostrando misericordia, fue diferente al don de la gracia que Dios dio. La misericordia era la voluntad de Dios de pasar por alto los pecados de Saulo y no castigarlo, pero la gracia era el poder de Dios invertido en el corazón de Saulo para hacerlo diferente. La misericordia detuvo el castigo de Dios; la gracia transformó la vida de Saulo. Gracia fue para cambiar la vida de Saulo.

Por ejemplo, digamos que está conduciendo por la carretera y la policía lo detiene. El oficial le explica que va por exceso de velocidad y que la multa será de 300 dólares. Dices que lo sientes y el boleto es merecido. Luego, el oficial dice: "Bueno ... voy a dejar que se vaya sin una multa". El caso es que, a pesar de que usted se merece la multa, iba por exceso de velocidad, el oficial de policía le muestra misericordia y le dice que lo dejará ir sin una multa. Este acto de misericordia se corresponde con la idea de intervenir en su pecado. La justicia exige una multa; la piedad interviene y se olvida del crimen. Luego, el oficial de policía hace una cosa más. "Por cierto", agrega, "la Orden Fraternal de Policía te va a regalar 500.000 dólares". La gracia es el don y fluye tras la misericordia, pero no es misericordia. La misericordia detiene al que va en exceso de velocidad y *no* muestra justicia. La gracia le da poder al infractor de la ley para que sea diferente. La respuesta a la gracia es aceptar el don y su transformación. La gracia va más allá de la misericordia. Es un regalo que empodera y cambia. La gracia es transformadora, es para el futuro y es una fuerza que cambia la vida del receptor.

Jesús hace un par de referencias interesantes en el Evangelio de Lucas. Estas escrituras hablan de la misericordia de Dios. Los seguidores de Jesús le preguntaron acerca de los judíos que habían sido asesinados y cuya sangre había sido mezclada con sacrificios paganos. Y en la misma conversación, se le preguntó acerca de los 18 judíos que murieron cuando la torre de Siloé cayó accidentalmente sobre ellos (Lucas 13: 1-5). El punto era preguntar por qué le suceden cosas malas al pueblo elegido de Dios. La respuesta de Jesús parece insensible: "¿Crees que eran peores delincuentes que todos los demás que vivían en Jerusalén?" El punto de Jesús fue que todos merecemos morir por nuestros pecados. Ninguno de nosotros debería estar aquí en esta tierra. Todos somos pecadores y merecemos el castigo.

Jesús luego cuenta una parábola sobre una higuera. Un hombre planta una higuera y después de un año ya no tenía higos. El dueño le dice que lo corte. Pero el hombre, un viñador, responde que quiere trabajar con él y ver si produce higos (Lucas 13: 6-9). El hecho de que estemos todos aquí, cuando todos somos pecadores y merecemos la muerte, muestra la misericordia de Dios. Dios es misericordioso y muestra misericordia dándonos tiempo para arrepentirnos y cambiar.

Toda la humanidad merece ser castigada, pero Dios espera. Dios muestra misericordia al no castigarnos. Pero Dios no nos deja en nuestros pecados. La misericordia tiene compañera y es la gracia. La gracia nos cambia. Nosotros, como Saúl, merecemos ser vaporizados por un rayo. La misericordia interviene porque es paciente y espera con la esperanza de que experimentemos la gracia y de que demos fruto. La gracia se trata de dar fruto.

Todo Misericordia y nada de Gracia – Un mundo sin baile

Dediquemos un momento a pensar en la misericordia sin gracia. ¿Y si todo lo que obtuviéramos de Dios fuera aceptación (misericordia) pero no poder para cambiar (gracia)?

En aras de tener una imagen visual, digamos que hay un mundo de unicornios domesticados y arcoíris constantes sin lluvia, y en ese mundo, todos bailan. Podemos llamar a este mundo mítico "Mundo Arcoíris". Bailar es divertido y transformador. En este mundo especial, la gente baila. Mientras bailan, se unen y forman una comunidad. El baile produce amistades significativas y los bailarines se celebran entre sí a través de la danza. En este mundo, todos viven en paz y se honran unos a otros. Su baile construye unidad. En este Mundo Arcoíris de la danza, todos tienen tres cosas en su corazón: tienen pasión por bailar, saben bailar y su baile resulta en el deleite de los demás. La gran recompensa en Mundo Arcoíris es ser amado, aceptado, y pertenecer.

Entonces, aparezco en Mundo Arcoíris y veo que es una gran comunidad. Dicen que debo bailar si quiero estar en Mundo

Arcoíris. En Mundo Arcoíris, bailar es lo que son y lo que hacen. Bailar es relacional, y así es como pertenecen. Les explico que no quiero bailar. No sé cómo bailar. Solo quiero pertenecer, ¡simplemente acéptenme! Quiero que me acepten, pero no bailaré.

Si Mundo Arcoíris simplemente acepta a todos los que llegan, entonces no hay baile. Los efectos curativos y unificadores de la danza se pierden y la comunidad de amor y pertenencia desaparece. Deja de existir. Mundo Arcoíris pronto se verá como todos los demás mundos que no bailan. Sin el baile no hay comunidad ni medios de pertenencia.

¿La gracia, definida como aceptar lo inaceptable, no destruye Mundo Arcoíris al dar a todos los no bailarines la aceptación como no bailarines? ¿Cómo podemos tener una comunidad si nadie baila? Cuando la misericordia y la gracia son la misma idea, solo hay misericordia. La misericordia es aceptar lo inaceptable, y no hay un segundo acto, que es la gracia, el poder de transformar. En otras palabras, la misericordia sin el don de la gracia conduce a un mundo sin baile. Dios acepta (misericordia), luego Dios transforma (gracia); por gracia, bailamos. Gracia es bailar y esto produce comunidad. El capítulo 2 explica qué es la gracia, pero sin ella, nuestras vidas no cambian.

Saulo una vez odió a Mundo Arcoíris y trató de matar a sus bailarines. Misericordia ignoró lo que dijo Saulo y sus actos de odio. Era feo y ofensivo. Saulo no era digno de pertenecer a Mundo Arcoíris. Misericordia olvidó sus errores y ofensas del pasado. Pero gracia le dio un corazón nuevo y el deseo y la habilidad de bailar. Como bien atestiguan el libro de los Hechos y las cartas de Pablo, bailaba.

Escuche la respuesta de Pablo: "¿Qué concluiremos? ¿Vamos a persistir en el pecado para que la gracia abunde?" (Romanos 6:1). ¿Debemos continuar sin bailar para que el baile sea omnipresente? "De ninguna manera" (Romanos 6:2). En otras palabras, eso es una locura. "...donde abundó el pecado, sobreabundó la gracia" (Romanos 5:20). Donde no había deseo de bailar, el deseo dado por Dios de bailar se convirtió en una manifestación explosiva y obvia. Pablo se refiere a una vida cambiada. Donde aumentó el pecado, no hubo cambio, pero cuando vino la gracia, la gente claramente cambió. Ellos bailaron.

La Gracia Nos Inspira a Bailar

Mundo Arcoíris es para bailarines, y la gracia les da a los bailarines el deseo y la habilidad de bailar. Gracia no les da a los que no bailan una excusa para no bailar. Debido a que Dios ama a la humanidad, Dios otorga la gracia, pero la gracia no es el amor o la misericordia de Dios; la gracia es un poder sobrenatural de curación. La gracia es una expresión del amor y la misericordia de Dios. Dios interviene cuando no merecemos la intervención de Dios (misericordia). Entonces Dios ofrece transformación a través de la gracia. La gracia es el regalo que no merecemos. ¡Gracias, misericordia!

La gracia es la única forma en que podemos convertirnos en bailarines y formar una comunidad. El amor habla de la intención de Dios; Dios quiere reconciliarse con nosotros y prosperarnos. Dios quiere que amemos como Dios ama. La misericordia es Dios abriendo la puerta. Dios nos acepta a pesar de nuestras vidas feas. La gracia es el regalo que recibimos y un poder interno que nos cambia sanando nuestros corazones. La gracia es Dios en nosotros, lo que nos hace sentir entusiasmo por amar a Dios y amar a los demás.

Usando la analogía de Mundo Arcoíris, exploremos un poco más profundo qué es este mundo.

- Primero, bailar y estar con otras personas son inseparables. Sin otros, no hay baile. Nadie danza solo. El amor no es una experiencia que se encuentra aisladamente. El amor requiere interacción relacional. También lo hace el baile. El baile produce comunidad. Creo que entiendes la idea: bailar es una metáfora para amar.
- En segundo lugar, cada persona en Mundo Arcoíris tiene la capacidad de bailar. Cada uno es único y hábil en el baile. Mundo Arcoíris no es un baile de salón rígido de conformidad; es una celebración de muchas maneras de bailar. En otras palabras, cada persona tiene su personalidad y habilidades únicas, pero todos saben cómo amarse. Mundo Arcoíris es una celebración de muchos bailes, como un banquete multicultural de comidas diferentes. El amor puede fluir de diferentes culturas, personalidades, hombres, mujeres, padres, niños, jóvenes y mayores. Cuanto mayor es la diversidad, más auténtico es el amor.
- Tercero, el deseo y la libertad que uno siente al bailar es lo que impulsa todo en Mundo Arcoíris. El baile no es vergonzoso. No es forzado. El baile brota del corazón y, en consecuencia, el baile une a la comunidad. Mundo Arcoíris es una comunidad de personas que viven en libertad, bailando en armonía. El amor afirma y valora a los demás, y es sacrificial. El amor da como resultado amistades profundas y aceptación.
- En cuarto lugar, el deseo y la capacidad de bailar dan forma a la cultura misma de Mundo Arcoíris. Otros dicen: "Esa gente, bueno, pueden bailar". Su comunidad es un lugar para amar a los demás, ser amado por los demás y pertenecer. Mundo Arcoíris es notable para los demás

debido al amor que se encuentra entre los que están en Mundo Arcoíris. El baile tiene un propósito más grande que simplemente bailar. Anuncia cómo el baile es la naturaleza de Dios y todos debemos bailar. La gente ve a Dios cuando ven nuestro amor y cuando ven nuestra comunidad. Dios baila, nosotros bailamos y todos se dan cuenta.

Entonces, ¿Mundo Arcoíris me permitirá unirme a ellos solo por pertenecer? No, explican, es el baile lo que nos hace pertenecer. Celebramos la vida juntos y encontramos la armonía en el baile. Aquellos en Mundo Arcoíris no están tratando de ser malos. Mundo Arcoíris es como pájaros en una bandada. Si el pájaro no puede volar, realmente no hay forma de que el pájaro pertenezca a la bandada. Volar es lo que hacen las aves. Al bailar, pertenecemos. Si no bailamos, no podemos pertenecer. Al amar, pertenezco. Si no amo, no puedo pertenecer. Dios, por gracia, me hace amar como Dios ama. La pasión de la gracia en nuestros corazones es cómo Dios revela el amor. Hace que el amor sea real y tangible. La gracia es Dios en nosotros, revelando cómo es el amor. La gracia proporciona el deseo de bailar y la habilidad de bailar. La consecuencia es la pertenencia.

⌘

En el próximo capítulo, redescubriremos el concepto de gracia de la iglesia cristiana primitiva. La gracia fue un gran problema y enmarcó lo que significaba que los cristianos se convirtieran. Si la misericordia abre la puerta, entonces, ¿qué hace la gracia? Si el Reino de Dios tiene que ver con bailar/amar, entonces la gracia es la clave para bailar/amar con pasión y libertad.

2. La Fuerza: Las "Ganas" de Bailar
Nuestros corazones se inundan con nuevos deseos de vivir vidas santas.

Las películas de ciencia ficción La Guerra de las Galaxias introdujeron la idea de "la Fuerza". En esas películas, el universo tenía una fuerza mágica que algunas personas podían aprovechar. Una vez que encarnaron la Fuerza, los hizo poderosos. Podían controlar la materia, comunicarse a través de las galaxias, luchar con una fuerza sobrehumana y torturar a los enemigos con solo concentrarse en ellos. La Fuerza de la Guerra de las Galaxias era una fuerza utilizada para controlar y subyugar a otros.

La gracia es igual de dramática, pero es una fuerza con un propósito muy diferente. La gracia es una fuerza de Dios que usamos para controlarnos a nosotros mismos, no a otros. Después de la canonización de la Biblia, la idea de la gracia pronto se convirtió en un concepto importante en la Iglesia cristiana primitiva. Los teólogos de los siglos tercero y cuarto miraron la Biblia y sus vidas convertidas y descubrieron algunas ideas asombrosas. Creían que la gracia cambiaba a los convertidos y hacía que los cristianos se apasionaran por Dios y la piedad.

La actitud de Dios hacia los humanos es amor, y la gracia, motivada por el amor de Dios, satisface una necesidad humana. Los seres humanos necesitan reconciliarse (reunirse) con Dios y entre sí. La gracia es una pasión dada por Dios, un anhelo de obras de reconciliación con Dios y con los demás. La ironía es que esta pasión es dada por Dios, pero se siente como nuestra propia pasión. La gracia es un regalo de Dios para los humanos.

¡Solo haz lo bueno!

Agustín habló extensamente sobre la gracia y explicó cómo la gracia era una fuerza en el corazón del cristiano con poder transformador. Él creía que por gracia podemos cambiar, y al cambiar podemos reconciliarnos. Podemos agradecer a un monje británico por inspirar algunos de los mejores conceptos teológicos de Agustín. Pelagio, un teólogo bien educado, se mudó de su vida humilde en Inglaterra (o Irlanda) a Roma, la gran ciudad del poder y el comercio. Pelagio estaba horrorizado por la condición moral de Roma, en particular la laxitud de los cristianos profesantes. Empezó a predicar un mensaje de autodisciplina, específicamente, que los cristianos romanos necesitaban limpiar sus vidas y vivir con rectitud. Pelagio creía que los humanos eran responsables de su comportamiento y tenían la capacidad de vivir vidas morales y éticas. Su punto era que los cristianos podrían vivir vidas santas si tan solo lo intentaran. De hecho, dijo Pelagio, los humanos pueden obtener la salvación a través de una vida santa. El pastor presbiteriano, R.C. Sproul, afirma: "Para Pelagio y sus seguidores, la responsabilidad siempre implica habilidad. Si el hombre tiene la responsabilidad moral de obedecer la ley de Dios, también debe tener la capacidad moral para hacerlo" (Sproul 2005). Pelagio creía que las personas podían dejar de pecar, es decir, podían romper los barrotes del pecado que los aprisionaban. Sólo tenían que quererse a sí mismos para ser buenos. ¡Solo haz lo bueno!

En una de las cartas de Pelagio a una mujer romana que buscaba una espiritualidad más profunda, Pelagio habló sobre hábitos piadosos y explicó que uno debe considerar el poder de la naturaleza humana. La naturaleza humana, señaló, es creada por Dios y a imagen de Dios. Lo que Dios hizo es bueno. De hecho, la naturaleza de la humanidad es un arma dada por Dios para combatir el pecado. Dios le dio a la humanidad la determinación de hacer cosas buenas. Luego, Pelagio señaló a personas famosas que vivían vidas rectas. Ni siquiera eran cristianos, pero libremente quisieron vivir vidas éticas. "¿De dónde sacaron estas buenas cualidades, sino de la bondad de su naturaleza"? (Segundo 1973, 2:18). Concluyó que, si los no cristianos podían vivir con rectitud, ¿cuánto más podrían los cristianos vivir una vida piadosa? Pelagio explicó que con Cristo y la ayuda de la gracia, los cristianos tenían la santidad natural (Segundo 1973, 2:18). Eso significa que todos nacemos con la fortaleza interna (naturaleza) para hacer el bien (santidad).

Esta idea produjo una lucha teológica y resultó en una bonanza de ideas sobre la gracia por parte de Agustín. En resumen, Agustín estaba en total desacuerdo. Sus ataques a Pelagio tuvieron dos efectos: uno, el nombre Pelagio se convirtió en una mala palabra teológica. Ser llamado pelagianista, en el mundo de la teología, es similar a ser llamado hereje. Cuando los teólogos se enfadan unos con otros, así es como se llaman unos a otros. Y dos, la reacción de Agustín a Pelagio resultó en conceptos teológicos fundamentales que han impactado a la Iglesia hasta el día de hoy. La respuesta de Agustín resultó en que se le llamara el doctor de la gracia. Gran parte de lo que pensamos acerca de la salvación proviene de la reacción de Agustín ante Pelagio.

Pelagio probablemente llamó la atención de Agustín, en parte por su diferencia teológica, pero principalmente porque Pelagio culpó a Agustín por el desorden en Roma. Pelagio creía que una de las razones de la decadencia moral en Roma eran las enseñanzas de Agustín. Pelagio culpó a Agustín por dar a los romanos una excusa para divertirse. Agustín reaccionó a la crítica de Pelagio; probablemente se estaba defendiendo de ser culpado por la decadencia de Roma, tanto como que estaba desarrollando teología.

Agustín, La Gracia es una Fuerza

A diferencia de Pelagio, Agustín dijo que la voluntad de pecar es, de hecho, nuestra prisión. El carcelero es nuestra voluntad. Pecamos porque queremos pecar. En este punto, Pelagio estaría de acuerdo con Agustín. Pelagio diría que debemos ir a la guerra con nuestra voluntad y ordenar que sea santa. Deberíamos romper los barrotes y escapar. En otras palabras, simplemente agarra las barras y escapa de la cárcel. Incluso los no cristianos hacen esto. Saben cómo comportarse; es parte de su naturaleza humana.

Agustín diría, ¿cómo puede librarse un carcelero si es él quien está en la cárcel? No podemos escaparnos. Obviamente, los encarcelados no pueden escapar por su propio poder. Agustín dijo que tratar de ser justo por voluntad propia conduciría a la derrota. Nadie podría vencer su voluntad pecaminosa acomodándola. Como decía Agustín, "El hombre es asistido por la gracia, para que su voluntad no sea en vano comandada" (Augustine 2010, 15). Su punto era que una persona no podía decirse a sí misma que era buena; eso era inútil. Una persona no puede decir: "Hoy seré bueno", y luego simplemente ser bueno. En otras palabras, una persona no puede encender un interruptor en su cabeza y "simplemente ser bueno."

El enfoque de Dios para la transformación se basa en la realidad de que hacemos lo que queremos hacer. Agustín explicó que la gracia era una fuerza interna de Dios. Y lo que hizo la gracia fue dar al creyente deleite en hacer el bien. La gracia cambia nuestros "deseos" (nuestra voluntad). Una de las dinámicas de la gracia es que sana al permitir que una persona venza el pecado. (Nieuwenhove and Wawrykow 2010, loc. 79). Dios nos llama a la fe en Cristo, y cuando respondemos a ese llamado, dijo Agustín, nuestros corazones se inundan con nuevos deseos de vivir vidas santas. (Haight 1979, 36). La voluntad se transforma por la gracia, y la transformación se basa en nuevas pasiones. Nos deseamos a la justicia porque la gracia infecta nuestra voluntad con un deseo de piedad. La gracia nos da placer en hacer el bien. Este entendimiento acerca de la gracia fue el emocionante mensaje que escuché cuando era joven: la gracia es Dios en nosotros haciéndonos dispuestos. En ese momento, no tenía idea del concepto de las antiguas raíces norteafricanas de la gracia.

El mayor contraste entre Agustín y Pelagio fue el entendimiento de Agustín de que nuestra salvación y santificación (hacer el bien) dependían totalmente de Dios. Es Dios en nosotros lo que nos hace dispuestos a vivir vidas santas. Pelagio creía que podíamos inclinar nuestra voluntad hacia Dios. Agustín dijo que sólo a través de Dios puede doblegarse nuestra voluntad. La fuerza de la gracia es lo que doblega nuestra voluntad. Agustín quiso decir que la gracia es una fuerza interna que cambia el apetito de una persona, de desear el pecado a desear una vida recta. En otras palabras, la prisión de uno es la voluntad de uno de hacer lo que él o ella quiere hacer. La salida de la prisión son los deseos dados por Dios de ser diferentes. La voluntad es la clave para salir de la prisión.

Pelagio creía que la naturaleza humana podía querer la bondad mediante el esfuerzo humano. Los no cristianos que hacían el bien eran la prueba. Agustín no estuvo de acuerdo. La clave, creía Agustín, era cambiar nuestros deseos, nuestro "querer". Agustín creía que la gracia procedía de Dios y no era producto del hombre. La gracia fue la solución a la voluntad que nos aprisionaba; liberó la voluntad de querer cosas buenas. Estos deseos nuevos, otorgados por Dios, nos liberaron para servir a Dios y a los demás simplemente porque queríamos servirlos. Nuestra nueva voluntad deseaba la piedad. La voluntad impulsada por la gracia se sentía como libertad, y guiaba al cristiano inundando el corazón con apetitos piadosos. Agustín estuvo de acuerdo con Pelagio en que los rebeldes romanos necesitaban cambiar. Pero el cambio solo fue posible por gracia.

Irónicamente, cuando uno mira los escritos de Pelagio, ve una fuerte evidencia del concepto de gracia de Agustín. Pelagio dijo: "Porque les digo que existe en nuestras almas lo que podríamos llamar santidad natural" (Segundo 1973, 2:18). Hasta ahora, esto implica que la naturaleza humana trata de ser justa mediante el esfuerzo humano, pero luego Pelagio agrega: "Preside el templo del alma, juzgando el bien y el mal. Fomenta las buenas y rectas acciones y condena las malas acciones. Y juzga todo como si fuera una ley interior según el testimonio de la conciencia" (Segundo 1973, 2:18). Si uno reemplazara el término "santidad natural" con la palabra gracia, vería que Pelagio acaba de describir la idea de gracia de Agustín. Pelagio vio la gracia y la describió, pero la estaba malinterpretando como algo que surge del esfuerzo humano. En un momento, verás por qué malinterpretó lo que vio.

La gracia es un poder interior, departe de Dios, que cambia nuestra voluntad y favorece las buenas y rectas acciones. Podría ser simplemente que estos dos teólogos tuvieron la misma experiencia transformadora y estaban tratando de entenderla. Pero incluso si la experiencia fue la misma, su interpretación de la experiencia fue diferente. Pelagio pensó que la pasión por hacer el bien venía de su propio corazón. Si Agustín y Pelagio hubieran estado hablando, Agustín podría haber explicado que esas pasiones eran de Dios y se sentían exactamente como la gracia debería sentir, es decir, uno se siente libre, como si fuera su propia pasión. La belleza de la gracia agustiniana es que la rectitud se siente como libertad.

La fe y la piedad de Pelagio se sentían como libertad. Pensó que era él, Pelagio, quien estaba actuando con rectitud. Agustín le habría dicho: "No, es Dios en ti cambiando tu voluntad por medio de la gracia". Pelagio, sin saberlo, estaba señalando una de las características de la gracia. La gracia de Dios se siente como el libre albedrío.

Agustín (2011, 55) describe el proceso de salvación y rectitud de la siguiente manera: la Ley produce conciencia de pecado, la fe en Cristo alcanza la gracia, y la gracia sana el alma para que desee la rectitud. Por la gracia, el alma experimenta la libertad de decidir, y esta libertad cumple la ley. La rectitud es la libertad de hacer las cosas que debemos hacer y no hacer las cosas que no debemos hacer. Los salvos son libres de no codiciar, no odiar, no robar y no preocuparse. Los salvos son libres de adorar, orar, leer las Escrituras, servir a los demás, ser humildes, mostrar bondad y ser pacificadores. Esto significa que el camino hacia la vida correcta implica nuevos deseos que se experimentan como libertad. Esos deseos nos motivan a actos y actitudes rectas, permitiéndonos formar una relación con Dios y con los demás. Creo que empiezas a entender la idea: por gracia, bailamos. ¿Por qué? Porque queremos bailar. Sabemos bailar. Así bailamos en libertad.

La Lista de las Cosas por Hacer

La Ley describe las expectativas de comportamiento de Dios. Es como un padre que pega en la puerta del refrigerador la lista de tareas que se espera que los niños hagan el sábado. La prisión es la falta de voluntad para cumplir con esas expectativas, para hacer esas tareas. Este es el punto de Pablo en Romanos 3:22; la ley explica la justicia. Es la lista de expectativas en la puerta del refrigerador. Pero Pablo continúa explicando que es por la fe que podemos confirmar la ley (Romanos 3:31). Dios no destruye la lista de expectativas porque el niño dice que no quiere hacer las tareas. Dios, usando la respuesta de nuestra fe, infunde gracia en nuestros corazones para liberarnos de nuestra apatía y desinterés. Pablo explica que el pecado ya no es nuestra prisión porque ahora estamos bajo la gracia (Romanos 6:14). La apatía es nuestra prisión y somos impotentes para hacer lo que sabemos que debemos hacer. Nuestra prisión, en otras palabras, es que, no queremos.

Si yo, como padre, tuviera una bebida energética que resultara en una obediencia feliz para hacer la lista de tareas, sin duda se la daría a mis hijos malhumorados el sábado por la mañana. Piense en la gracia como esa bebida energética. La gracia es una fuerza de Dios, una medicina que da pasiones y motivaciones piadosas. La gracia cambia la voluntad de una persona, de modo que la persona quiere cumplir con las expectativas de Dios. La voluntad de Dios se convierte en voluntad de la persona, e inunda el corazón de nuevos deseos. Esta pasión se siente como la libertad. Realizar actos de rectitud es una expresión de nuestra libertad, no legalismo. Cumplimos las expectativas de Dios basados en el deseo, no en la obligación. Por la fe y la gracia, nuestra voluntad renace de nuevos deseos de agradar a Dios. Jesús explicó que este es el pacto de gracia. Ambos pactos estaban enfocados en cumplir con las expectativas de Dios; la que viene de Cristo, y el Espíritu Santo lo hace posible. es un viento poderoso.

Por la bebida energética que les doy a mis niños apáticos, ellos arrebatan la lista de la puerta del refrigerador y alegremente hacen sus tareas. Uno podría preguntar a mis hijos: "¿Quién los obligó a hacer estas cosas?" Parecían confundidos y respondían: "Nadie, queremos hacerlo". Sería como preguntar a los niños que juegan con la manguera del jardín en un día caluroso: "¿Quién te hizo jugar en el agua?" ¡Qué pregunta tan tonta! "Nos encanta jugar en el agua en un día caluroso", responderían.

Forzarme a hacer lo que no quiero es legalismo, y tiene una vida útil corta. Sé lo que debo hacer, pero simplemente no quiero hacerlo. Pablo explica que Dios nos ha dado a conocer las expectativas de Dios. Las expectativas de Dios son buenas y construyen comunidad. Pero no deseamos cumplir con las expectativas de Dios (Romanos 7:15-20). Y como resultado, nos perdemos una comunidad amorosa.

Volvamos a Mundo Arcoíris y veamos cómo se ve esto. Si quiero entrar en Mundo Arcoíris, debo obligarme a hacer lo que no quiero hacer: bailar. Cualquiera puede fingir bailar; incluso pueden fingir que les gusta bailar. Pero el baile falso significa que en el momento en que uno puede dejar de bailar, lo hará. También significa que uno tiene dos vidas: una vida secreta que no es de baile y una vida pública de baile falso. Y cuando halla confianza, pondrá en duda el baile.

Por eso la ley nos falla. Solo nos dice que debemos bailar, pero no nos ayuda a bailar. Nos prepara para ser hipócritas y engañosos. La falta de deseo de seguir la ley nos lleva a reinterpretar la ley, rebajando los estándares e incluso ignorando la ley como irrelevante. La ley es una obligación, una carga. Como resultado, nos molesta la ley y tratamos de encontrar formas de eludirla.

Hipocresía era lo que Pelagio estaba viendo en Roma. Todos decían que eran bailarines, pero a nadie le gustaba bailar. Agustín, reaccionando a Pelagio, observó que los rebeldes romanos nunca serían cristianos auténticos si tuvieran que obligarse a hacer lo que no deseaban hacer.

Agustín explicó que la rectitud basada en la gracia funciona, y que la rectitud basada en el esfuerzo humano no funciona. La rectitud funcional era la gracia nacida de la fe. Dios reveló claramente a la humanidad las expectativas de Dios, y Dios empoderó a los humanos al cambiar su voluntad para cumplir con esas expectativas. La rectitud se obtenía con la ayuda divina de Dios. La gracia se entendía como una experiencia de libertad que Dios daba. Dios dio deseos a los corazones de los cristianos. La libertad era hacer lo que uno quería hacer. Agustín criticó la idea de que el esfuerzo humano pudiera producir rectitud. Los pecadores no podían obligarse a sí mismos a actuar con rectitud. Los humanos no podían cambiar por sus propios medios.

Para crédito de Pelagio, se dio cuenta de que la vida recta debe ser parte de la vida cristiana. Criticó a las personas que profesaban ser cristianas, pero se comportaban de una manera que no era consistente con las Escrituras. No reinterpretó las Escrituras para justificar su mal comportamiento. Creía que, para ser recto, una persona tenía que cambiar. Pero lo que le faltaba era la idea de que la gracia combina libertad y rectitud. Pelagio estaba experimentando la gracia en su propia vida; simplemente lo malinterpretó. Una de las dinámicas de la gracia es que produce el sentimiento de libertad, que puede confundirse con la propia voluntad humana. La gracia es una voluntad divina dada por Dios.

Agustín dijo que querer bailar nunca funcionaría. La solución de Agustín fue la idea de que una persona debe ser reprogramada, y la forma de que eso suceda es la fe en Cristo. La fe trae el Espíritu de Dios y la gracia de Dios. La gracia es el viento que da a la persona la voluntad y la capacidad de bailar. El velero se mueve, no por su propio poder, sino por un poder externo. Pablo dijo que fuimos salvos por gracia a través de la fe. Agustín (2010, 50) cita Filipenses 2:13: "pues Dios es quien produce en ustedes tanto el querer como el hacer para que se cumpla su buena voluntad". No podemos hacer nada sin que Dios obre en nosotros para que queramos lo que Dios quiere.

La única manera de bailar es tener el corazón de un bailarín. La gracia pone ese corazón en nosotros. El corazón nuevo, el Espíritu de Dios, es el viento que nos cambia. Nos unimos a

Mundo Arcoíris porque queremos bailar y tenemos la habilidad de hacerlo. Por lo tanto, somos bailarines. Como señaló Agustín, la gracia nos sana. Cumplimos con todos los criterios de Mundo Arcoíris a través de la gracia. La pasión por el baile es nuestra salvación, y viene a través de la fe en Cristo. La gracia hace que nuestro baile no sea forzado ni legalista. Pablo lo expresa de esta manera: "Pero si es por gracia, ya no es por obras; de otra manera la gracia ya no sería gracia" (Romanos 11:6). Nuestro baile es por pasión, y no es forzado; de lo contrario, la pasión no sería pasión. La única manera de bailar es hacerlo porque queremos bailar. La belleza de Mundo Arcoíris es que todos bailan y lo hacen libremente. Bailar no es una obligación. La pasión viene de Dios, al igual que el saber bailar, y el baile crea una comunidad.

Agustín entendió el pecado como un problema de la voluntad humana. Como pecadores, nos convertimos adictivamente en el centro de nuestras vidas. Nuestros valores y normas giran en torno a lo que es mejor para nosotros. El remedio, creía Agustín, era una dosis de gracia. Roger Haight (1979, 48–49), un teólogo, creía que Agustín miraba la salvación y la rectitud desde una perspectiva psicológica. La gracia es una fuerza sanadora en el alma, que permite al cristiano amar agradar a Dios y amar a los demás, liberándolo así de la esclavitud del egoísmo.

La batalla de Agustín con Pelagio resultó en una nueva comprensión sobre el Reino de Dios y cómo funciona. La Iglesia comenzó a construir sobre este concepto. Los líderes de la Reforma, más de 1500 años después de Agustín, encontraron profundas sus ideas. Como resultado, el protestantismo y la teología reformada fueron fuertemente influenciados por Agustín.

Aquino, Gracia e Identidad

Uno de los admiradores de Agustín fue Tomás de Aquino. Tomás de Aquino fue un sacerdote y filósofo italiano, y estudió los escritos de Agustín. Vivió unos 800 años después de Agustín, en el siglo XIII. Tomás de Aquino tomó las ideas de Agustín sobre la gracia y las aplicó, a menudo mejor que Agustín.

Tomás de Aquino amplió las ideas de Agustín. Estuvo de acuerdo con Agustín en el punto de que la gracia es un deseo dado por Dios y la capacidad de agradar a Dios. Pero Tomás de Aquino llevó la gracia un paso más allá. Para Tomás de Aquino, la gracia era más que una experiencia psicológica; ella cambiaba fundamentalmente la naturaleza de uno (Haight 1979, 61–63). La naturaleza tiene que ver con las tendencias. Por ejemplo, la naturaleza humana tiende a ser egocéntrica, egoísta yególatra.

Rik Van Nieuwenhove y Joseph Wawrykow (2010, loc. 31-33), ambos profesores de teología, explican que Tomás de Aquino dividió lo natural de lo sobrenatural. Hacer lo que uno tiene la capacidad natural de hacer, es vivir dentro de la propia naturaleza. Vivir fuera de la capacidad natural de uno es sobrenatural. Por ejemplo, una ardilla puede saltar en un árbol de rama en rama; la agilidad acrobática está en su naturaleza. Pero una ardilla no puede entrar en una discusión con humanos; eso no está en su naturaleza. Las ardillas pueden hacer todo tipo de cosas de ardilla de acuerdo con su capacidad de ardilla. Por lo tanto, nuestra naturaleza es una limitación. Hay cosas que nosotros como humanos no podemos hacer. El egoísmo es nuestra naturaleza humana, y la humildad y el desinterés están más allá de nuestra naturaleza.

Para Tomás de Aquino, nuestra naturaleza es lo que somos. (Nieuwenhove and Wawrykow 2010, 27). Somos humanos que cumplimos con nuestra naturaleza humana. Como explicó Pablo, los humanos tenemos deseos naturales, pero no son agradables a Dios (Gálatas 5:17). La forma en que nos comportamos es ofensiva para Dios. Nuestro comportamiento natural destruye la comunión con Dios y con los demás. Santo Tomás de Aquino explicó que, por la gracia, una persona puede elevarse por encima de sus comportamientos humanos naturales. Se transforman en algo diferente. La gracia produce conductas rectas, y por la gracia obtenemos un estado de ser sobrenatural. Nuestra naturaleza recta (sobrenatural) se convierte en nuestra nueva identidad (Nieuwenhove and Wawrykow 2010, loc. 57). Es como la transformación de una oruga en mariposa. La naturaleza de ser un gusano se reemplaza con una nueva identidad: la de una mariposa. Tomás de Aquino vincula conducta e identidad. Su contribución a la idea de la gracia fue que la gracia nos da una nueva identidad.

Agustín, en cambio, entendió la gracia como solución a un problema. Para Agustín, los humanos están enfermos y la gracia trae sanación. Cambia sus corazones y comportamientos. La naturaleza humana es pecaminosa, y la gracia hace guerra contra la naturaleza humana a través de nuevas pasiones y deseos de ser correctos. (Haight 1979, 57). Piense en Agustín de esta manera: si las pasiones humanas están impulsando acciones pecaminosas, entonces la gracia lucha en el mismo campo de batalla al moldear los deseos y pasiones rectas. Las pasiones rectas, regaladas por Dios a los cristianos, luchan contra las pasiones humanas. Agustín no se centró en una nueva naturaleza (es decir, una nueva identidad). Agustín se centró en el cambio, en hacer, no tanto en ser una mariposa. Su enfoque estaba en cómo la gracia inclina la voluntad de uno hacia la rectitud. Para volver a nuestra metáfora, Tomás de Aquino se centró en el bailarín; Agustín se concentró en el baile. Puede sonar trillado, pero un énfasis en la identidad como bailarín, y no en el baile, cambia las prioridades de uno.

¿Qué pasa si proclamas que tienes un título sin las habilidades para respaldar ese título?

Lo que hizo Santo Tomás de Aquino fue conectar la danza y el bailarín con la idea de la gracia. Agregó una nueva capa a la gracia, que era la identidad. Tomás de Aquino vio el aspecto sanador de la gracia, que Agustín había presentado, pero Tomás de Aquino añadió más. Tomás de Aquino explicó que la gracia sana y eleva a una persona a una nueva naturaleza, una nueva identidad. (Nieuwenhove and Wawrykow 2010, loc. 90-99). El cristiano, un nuevo ser, ahora agrada a Dios porque está sobrenaturalmente inclinado a ser bueno. (Nieuwenhove and Wawrykow 2010, loc. 108). La gracia nos hace una persona sobrenatural. En el caso de la gracia, explicó Tomás de Aquino, somos danzantes porque Dios declara que somos danzantes. Y lo que Dios declara, Dios crea (2010, loc. 171). Somos bailarines dotados de la habilidad sobrenatural de bailar.

Este entendimiento es la base de la predestinación. Dios selecciona a algunas personas para ser salvas. Dios le da a las personas selectas una identidad justa, y luego Dios le da a los salvos el deseo de cumplir esa identidad. (Nieuwenhove and Wawrykow 2010, loc. 241). Dios proclamó nuestra identidad; somos bailarines. Por lo tanto, Dios faculta a los salvados para que bailen. Desde la perspectiva de Aquino, Dios crea nuestra identidad por el don de la gracia. Entonces Dios nos regala la gracia dándonos el deseo y la capacidad de bailar, es decir, de cumplir esa identidad.

Si uno tiene la identidad de un bailarín, pero no baila, tiene un título y no habilidades. Esa persona podría ser un "bailarín sin baile". ¿Es eso posible? Tomás de Aquino y Agustín dirían que no. Tomás de Aquino estaba tratando de agregar más comprensión sobre la gracia, no separar la gracia de los comportamientos rectos ni excusar el mal comportamiento. Sin embargo, al enmarcar la idea de la gracia en torno tanto al baile como al bailarín, Tomás de Aquino abrió la puerta a la tentación de que alguien separara el baile del bailarín. Ahora es posible otorgar títulos a personas que no tienen habilidades. Hablaremos sobre eso más adelante.

Otra innovación de Tomás de Aquino fue presentar dos aspectos del concepto de gracia. Un lado era la capacidad de la gracia para salvar (justificación), y el otro era la capacidad de la gracia para producir continuamente nuevos comportamientos (santificación). El término usado para la gracia salvadora era gracia "real" (Pohle 1909b). El término usado para la gracia que apasiona a los cristianos a una mayor madurez, a vivir la vida recta, fue gracia "habitual" o "santificante". (Haight 1979, 61). En otras palabras, Tomás de Aquino vio dos aspectos de la gracia: la nueva identidad del convertido y la pasión por crecer y madurar con el tiempo en la propia fe.

La gracia es como una cascada; cae en cascada por la ladera de una montaña y continúa su flujo río abajo. La gracia es a la vez la cima de una cascada dramática, "justificación" (salvación), y un río que fluye continuamente, "santificación" (buenas obras). La gracia que produce la conversión es la misma gracia que guía la conversión.

El punto de partida de Agustín es que Dios nos da el deseo de bailar, y esos deseos nos cambian. Nos hacen bailar. Somos bailarines porque bailamos. Aquino (1991, 312–13 I-II, 110, #2), en contraste, dice que Dios nos da una nueva naturaleza, una nueva identidad, y cumplimos esa identidad a través de la gracia. Piense en esto como una cuestión de secuencia. Agustín dice que la gracia produce pasión y habilidad, lo que resulta en rectitud. Si parece un pato, camina como un pato y grazna, debe ser un pato. Tomás de Aquino, por el contrario, dice que Dios declara a uno justo/recto, y la pasión y la habilidad sobrenaturales le siguen rápidamente. Primero, Dios declara que eres un pato, y luego Dios le da poder al pato para que actúe como un pato.

Agustín, que vivió unos 800 años antes que Tomás de Aquino, se centró en la danza, es decir, el acto de bailar. Para Agustín, el baile es transformador. ¡Por gracia, bailamos! Basándonos en Aquino, diríamos que la naturaleza de las personas en Mundo Arcoíris es que son bailarines. Dios quiso que fueran bailarines, y Dios los hizo capaces, por gracia, de bailar. Dios determina el estado de uno, y la gracia ayuda a uno a cumplir ese estado (Haight 1979, 56–61). Cuando uno separa a los dos, que nunca fue la idea de Tomás de Aquino, se crea un lío.

Tenemos Que Volver al Baile

Entonces, ¿cuál es el problema? Estas ideas parecen ser terriblemente filosóficas y abstractas. Sostengo que, incluso si no lo entendemos completamente, la gracia es un gran problema. Afecta nuestra vida diaria. Qué tan bien vivimos nuestras vidas está directamente relacionado con la gracia.

Si uno separa el bailar del ser bailarín, se crea un desequilibrio terrible y resulta en confusión acerca de la salvación y las obras. Creo que debemos volver a Agustín para recuperar el equilibrio y apreciar lo que la gracia puede hacer. Cuando uno mira el desarrollo de la teología a lo largo de los siglos, especialmente en la iglesia protestante, uno ve que el lado de la "identidad" de la gracia se convirtió en la comprensión dominante de la gracia, de ahí el desequilibrio. Separar la identidad de las obras justas nunca fue la idea de la gracia de Agustín o Tomás de Aquino. Los protestantes saben que los cristianos necesitan vivir vidas santas, pero les resulta frustrante explicar el por qué, debido a la separación de identidad y obras.

Pablo explica claramente que Dios tiene expectativas, pero la humanidad no puede cumplir esas expectativas (Romanos 2:12-16). Jesús también afirma la relevancia de las expectativas de Dios relacionadas con el comportamiento; Jesús no vino a abolir las expectativas de Dios para la humanidad (Mateo 15:17). De hecho, en el Sermón de la Montaña (Mateo 5 y 6), Jesús dijo que las expectativas de Dios para el comportamiento humano son incluso más altas que las expresadas en el Antiguo Testamento. Por ejemplo, Jesús dijo: "Ustedes han oído que no debemos asesinar. Yo digo que no se debe insultar ni odiar a los demás, que es lo mismo que asesinar" (paráfrasis). Jesús enumera muchas leyes del Antiguo Testamento en su sermón y luego agrega expectativas aún más altas para el cumplimiento de esas leyes.

Sorprendentemente, la gracia puede impulsar a una persona a los más altos ideales de Cristo. No podemos tener comunidad si no podemos vivir con comportamientos que crean comunidad. Y no podemos tener esos comportamientos sin gracia. Por gracia podemos amar como Cristo espera que amemos.

Volviendo a Agustín, en Mundo Arcoíris, los bailarines tienen ganas de bailar. Dios les da el deseo. La gracia es la razón por la que bailan, y es una experiencia de la libertad de Dios. A través de la danza, renacen como seres sociales. El baile crea una comunidad de aceptación y pertenencia. Volviendo a las ideas de Agustín sobre la gracia, se nos recuerda que la clave de la comunión es la danza. No hay otra manera de ser llamado bailarín a menos que bailes. Agustín, que nunca habló de la gracia como identidad, entendía la gracia como acción. La gracia es "cambiarnos" a la semejanza de Cristo. Como Pablo explicó a los creyentes de la iglesia primitiva, "lleven a cabo su salvación con temor y temblor, pues Dios es quien produce en ustedes tanto el querer como el hacer para que se cumpla su buena voluntad" (Filipenses 2:11-12).

⌘

En el próximo capítulo, veremos cómo es la rectitud. ¿Qué es lo que la gracia nos empuja a hacer? Si cambiarnos es la meta de Dios, entonces, ¿en qué debemos cambiar? ¿Cómo se ve la rectitud?

3. Amor: La Danza Que Debemos Bailar
Podemos amar porque la gracia inspira actos de amor.

Cuando decimos que la gente de Mundo Arcoíris baila, es difícil visualizar cómo se ve eso. Es difícil visualizar una nueva experiencia cuando nunca ha sido parte de nuestra experiencia. Cuando alguien nos habla de Mundo Arcoíris y sus bailarines, si nunca hemos experimentado Mundo Arcoíris, solo podemos compararlo con lo que conocemos. Esta confusión es el desafío de cruzar culturas. Interpretamos una cultura que es nueva para nosotros en base a nuestra propia cultura. Como resultado, a menudo malinterpretamos la nueva cultura. Las cosas en el nuevo mundo pueden ser tan diferentes de nuestra experiencia que la única manera de entender es experimentando lo nuevo. Esta realidad ayuda a explicar el desafío que tienen los no cristianos al tratar de entender el Reino de Dios. Visualizan el Reino de Dios en base a lo que han experimentado en sus vidas.

Para conocer una nueva cultura, uno debe estar inmerso en la nueva cultura. Esta experiencia es como un misionero que se sumerge en un lenguaje, costumbres, normas y cosmovisiones diferentes. Por inmersión cultural, se entiende a los de esa cultura.

La ilustración de Mundo Arcoíris ya ha provocado su imaginación. Como es costumbre de la mayoría de la gente, es probable que haya reflexionado sobre sus experiencias pasadas de baile. Mundo Arcoíris no es como ninguna otra experiencia de baile que haya tenido. Entonces, ¿cómo es el baile en Mundo Arcoíris? ¿Hay algún lugar donde podamos ir a ver Mundo Arcoíris?

La Base de la Vida Virtuosa

El cristianismo, así como la mayoría de las religiones y culturas, tiene normas éticas. Hay expectativas en cuanto a cómo debemos comportarnos. En el caso del cristianismo, una fuente obvia de pautas sobre el comportamiento apropiado son los Diez Mandamientos. No debemos asesinar, robar, cometer adulterio, mentir o estafar la propiedad de otras personas (Éxodo 20). El Antiguo Testamento expande las expectativas de Dios para incluir regulaciones dietéticas, reglas de salud comunitaria, políticas sobre justicia, regulaciones sobre la propiedad, reglas sobre la sexualidad humana y leyes sobre el matrimonio, por nombrar solo algunas de las áreas generales (ver Levítico). El Nuevo Testamento también tiene expectativas de comportamiento. Tanto Jesús como Pablo, a menudo haciendo referencia a conceptos del Antiguo Testamento, exponen claramente las expectativas. El Sermón de la Montaña de Jesús es una lista de cosas que se deben y no se deben hacer. Las parábolas de Jesús y las interacciones con otros a menudo conducen a una expectativa de comportamiento. Pablo habla de los frutos del Espíritu, que son los comportamientos cristianos. Los cristianos deben ser bondadosos, autocontrolados (Gálatas 5:22-23), huir de la inmoralidad sexual (1 Corintios 6:18), no robar, codiciar, emborracharse, engañar a otros, adorar ídolos, fornicar o cometer adulterio (1 Corintios 6:9-10). Hay muchas listas de expectativas en el Nuevo Testamento. Obviamente, hay muchas expectativas para el comportamiento cristiano. La pregunta es esta: ¿cuál es la intención de todas estas expectativas?

Tanto Jesús como Pablo nos ayudan a comprender el fundamento de estas expectativas. Jesús, cuando se le pidió que priorizara los Diez Mandamientos, dijo que en realidad solo hay dos mandamientos. Cuando se le preguntó acerca de los

Mandamientos, Jesús respondió, —El más importante es: "Oye, Israel. El Señor nuestro Dios es el único Señor —contestó Jesús—. Ama al Señor tu Dios con todo tu corazón, con toda tu alma, con toda tu mente y con todas tus fuerzas". El segundo es: "Ama a tu prójimo como a ti mismo". No hay otro mandamiento más importante que estos. (Marcos 12:29-31)

Más tarde, Jesús dijo: "Este mandamiento nuevo les doy: que se amen los unos a los otros. Así como yo los he amado, también ustedes deben amarse los unos a los otros" (Juan 13:34). Pablo dijo lo mismo en Romanos 13: 9: proporcionó todos los "no debes" y luego concluyó: "y todos los demás mandamientos, se resumen en este precepto: 'Ama a tu prójimo como a ti mismo'". Entonces, ¿cuál es la danza que debemos bailar? La danza consiste en actitudes y acciones de sacrificio y humildad que demuestran amor. La intención de las expectativas de Dios es que formemos una comunidad amorosa a través de nuestros comportamientos.

En la larga oración de Jesús en el Evangelio de Juan (capítulo 17), antes de dejar a sus discípulos, Jesús explicó nuevamente el Reino de Dios. La oración está llena de palabras relacionales. El teólogo vietnamita Van Nam Kim dice que para entender la oración hay que leerla desde una perspectiva sociológica (el grupo) y no psicológica (el individuo). Dios está "en" Cristo, y Cristo está "en" nosotros (Kim 2014, 49–51). Hay una morada interior, una unidad que tienen el Padre, el Hijo y el Espíritu Santo, y Jesús desea que nosotros también tengamos esta unidad con Dios y entre nosotros. La idea presentada en el Evangelio de Juan es la intimidad. Somos aceptados y nos pertenecemos el uno al otro.

La base del Reino de Dios es la Trinidad. Antes de la creación, Dios era tres personas, amando y siendo amado. Como decía Agustín, "No hay amor donde nada se ama" (Augustine 2014,

195). El amor nunca tiene lugar en la soledad; requiere relaciones. Como explica el teólogo Tim Chester, debido a que Dios está en una relación trinitaria, Dios es social y, por lo tanto, cognoscible. La lógica de Chester es que Dios se conoce a sí mismo, y luego Dios es percibido por los demás. Chester (2005, 136) afirma esto de la siguiente manera: "Dios es cognoscible porque es relacional y es relacional porque existe como tres personas en relación". Dios es amor porque Dios es amoroso y amado, incluso antes de la creación.

Podemos decir que Dios inició Mundo Arcoíris, y se basó en amar y ser amado. Como ilustran las Escrituras, el Padre ama al Hijo (Mateo 3:16-17, Juan 10:17), el Hijo ama al Padre (Lucas 22:42, Juan 17:4), y el Espíritu Santo ama al Hijo y al Padre (Lucas 1:35, Juan 16:13-14). Su amor se expresa a través del sacrificio y la humildad. El amor mutuo crea una comunidad de vivienda interior, de unidad, de profunda comunión relacional: cada persona es aceptada y pertenece. El Reino de Dios es una comunidad de amor mutuo. Y el amor implica acciones concretas llamadas virtudes. Dios es amor; por lo tanto, Dios tiene que ser virtuoso. Mundo Arcoíris es virtuoso. Debe ser si ha de haber amor.

La Danza de la Trinidad

Las tres personas de la Deidad no coexisten una al lado de la otra; existen en interrelación (Johnson 2002, loc. 595). El amor entre el Padre, el Hijo y el Espíritu Santo es tan profundo y desinteresado que conocer a uno es conocerlos a todos. Su amor los hace uno. Cada persona es única pero indistinguiblemente idéntica en lo que son: Un Dios (Artemi 2017, 22). El teólogo americano Richard Gaillardetz (2008, 35) explica que Dios es amoroso y unificador, lo que significa que la naturaleza de Dios es reunir lo diferente y, a través de la diversidad, realizar un nuevo todo. Por tanto, la nueva unidad es diversidad en comunión. El Espíritu Santo obrando en nuestros corazones no borra nuestras distinciones y diferencias; en realidad, el Espíritu los hace no divisivos (Gaillardetz 2008, 38). Mundo Arcoíris es notable porque hay diversidad y, al mismo tiempo, aceptación y pertenencia. La única forma en que eso puede suceder es a través del baile, lo que significa nuevos comportamientos que provienen de vidas cambiadas.

En el caso de Mundo Arcoíris, la unidad no quita la singularidad de cada participante. En cambio, por la diversidad en la comunión, define su personalidad y misión única. Piense en esto como un buffet de comidas internacionales. La diversidad de diferentes alimentos de todo el mundo destaca la singularidad de cada plato. La diversidad de alimentos es tanto más hermosa por sus diferentes sabores y texturas. Mundo Arcoíris es notable porque involucra amor y diversidad. Esta realidad es la razón por la cual es tan enérgica y fascinante. La gracia nos inspira a amar a los demás, incluso a las personas que son cultural, racial, cronológica y/o socialmente diferentes a nosotros. Y dentro de nuestra cultura, raza, edad y género, nos damos cuenta de que nuestras personalidades, habilidades y talentos son diferentes, pero nos amamos unos a otros.

La diversidad del grupo y la glorificación de cada uno es posible a través de la actitud de desinterés y la aplicación de las virtudes. Este es nuestro ejemplo: el Padre honra al Hijo, el Hijo honra al Padre, y el Espíritu Santo hace nacer la Iglesia para honrar al Hijo. Su desinterés el uno hacia el otro los hace uno, pero en tres personas únicas. Agustín (2014, 147) explica que el Padre, el Hijo y el Espíritu Santo son de la misma sustancia, y esa sustancia es el amor.

Individualismo y personalidad no son lo mismo. El individualismo se enfoca en nuestras agendas, esas cosas que son nuestra prioridad. La personalidad habla de ser quienes somos en nuestra singularidad. Nuestra singularidad se convierte en un foco de alabanza. "Este es mi Hijo amado, estoy muy complacido con él" (Mateo 3:17). El amor trinitario se expresa como honor y alabanza por la otra persona, revelando así la personalidad de cada uno. A medida que nos honramos unos a otros, los demás nos conocen. La gente nos conoce como únicos porque otros nos alaban y nos honran.

El amor resulta en revelación; somos conocidos por el amor. El amor requiere que las personas estén en comunión; el amor no es solitario. Los individuos encuentran acuerdo, incluso amistad, lo que se traduce en elogios y honores que revela cada persona en la comunidad. Somos verdaderamente conocidos por el honor que nos dan los demás. Como seres humanos, podemos alcanzar un nivel de intimidad, pero no en la medida de la Deidad. Nuestro amor se revela recíprocamente como especial, así como el amor de Dios reveló la plenitud de las Personas que se encuentran en la Trinidad.

A diferencia de los humanos, la Trinidad es intensamente sacrificada y siempre trabaja por el honor y la gloria del otro. El concepto es que las tres personas de la Trinidad comparten mutuamente la vida de los demás. Son uno. No son individuos ni están separados de las acciones de los otros dos (McGrath 1995, 404). Los humanos son solo una sombra de la unidad trinitaria. Sin embargo, el Espíritu Santo en el corazón del cristiano lo inspira a honrar y glorificar a los demás.

A través de la fe y la gracia, los cristianos, aunque imperfectos en su intento de comunidad, se sienten atraídos por el amor, la aceptación y la pertenencia. Bailamos lo mejor que podemos, pero queremos bailar. Podemos amar porque la gracia inspira actos de amor.

Mundo Arcoíris es una comunidad, y la gracia nos atrae a la comunidad, ayudándonos a actuar de manera que construya la comunidad. La Trinidad es nuestro modelo para dar alabanza y honor al otro. La comunión amorosa es lo que Mundo Arcoíris debe ser. El servicio y sacrificio visto en la Trinidad es nuestro desafío de servir, honrar y sacrificarnos por los demás. El primer Mundo Arcoíris fue la comunidad de Dios, y fue el Padre, el Hijo y el Espíritu Santo. Dios bailó.

Shalom

La serie de televisión y las películas de *Star Trek* nos presentaron a los vulcanos, una raza lógica y estoica de personas que viven en algún lugar del universo. El saludo de los vulcanos es una mano levantada en la que los dedos se dividen para formar una V y el dicho "larga vida y prosperidad". Este saludo está tomado de la fe judía. El actor Leonard Nemo, el primer vulcano (Spock), era judío y asistía a la sinagoga cuando era niño. Al final del servicio judío, el sacerdote pronunció las bendiciones de Aarón, que se encuentran en Números 6:22-27. La última palabra de la bendición es "shalom", y la costumbre es que el sacerdote levante la mano y forme la letra hebrea de la "S" en shalom (que parece una extraña W). Esta es la letra hebrea "shin". La bendición sacerdotal y el gesto de la mano del rabino se asemejan notablemente al gesto de la mano de Vulcano para una larga vida y prosperidad. Obviamente, Leonard Nemo se inspiró en su infancia cuando representó el saludo Vulcano.

Shalom es un concepto multifacético. La palabra se traduce como "paz", pero la idea es mucho más que paz. Nemo entendió que su saludo vulcano de una vida larga y próspera reflejaba la idea más amplia de shalom.

Shalom transmite la idea de plenitud, solidez, salud, satisfacción, prosperidad y bienestar. Como Benjamín Corey (2016, 38–63) explica, shalom significa que todo es como Dios quiso que fuera. La creación, antes del pecado, era un lugar de shalom. Las relaciones eran puras. Dios tuvo comunión con el hombre y la mujer. Toda la creación era amiga de Adán y Eva. Todo estuvo bien. Había tres aspectos importantes relacionados con este mundo perfecto. Primero, el honor y la bondad eran omnipresentes. Segundo, había un compañerismo perfecto, y tercero, la salud y el bienestar personal eran normales. Dios le dio a Adán y Eva metas para cuidar la tierra y aumentar su comunidad. Shalom no debía ser contenido; era para compartir. Sin embargo, cuando vino el pecado, el mundo perfecto se perdió. Más tarde en la historia humana, Jesús vino a restaurar lo que se había perdido.

¿Qué nos hace cautivos? Es la voluntad (el deseo) de pecar, lo que conduce a lo contrario de shalom. Uno ve rápidamente en la Caída que Adán y Eva perdieron toda conexión relacional. Cada uno se preocupaba por su propio bienestar, no por el del otro. En lugar de honrarse unos a otros, se acusaron unos a otros. El pecado rompió las relaciones y destruyó la salud y el bienestar. Al final de Génesis, el pecado está en plena floración. Los conflictos y las relaciones rotas alcanzan todos los niveles de la sociedad. El final de Génesis muestra que incluso las familias fueron asesinas, fracturadas y rotas. Debido al egoísmo, las metas de Dios de unidad, honrarse unos a otros, cuidar la tierra y expandir un mundo pacífico se convirtieron en explotación, asesinato y guerra.

La adicción al pecado conduce a un mundo que Dios nunca tuvo la intención. Dios responde al pecado mostrando misericordia y dando gracia. Dios ama la creación. Dios actúa trayendo la naturaleza de la Trinidad a un mundo quebrantado. A través de la Trinidad, Dios demuestra amor sacrificial. El objetivo de Dios es usar el amor para restaurar el shalom. Y por la gracia de Dios otorgada a través de la fe, la naturaleza de Dios se planta en el corazón del creyente. Podemos ser amorosos siendo correctos. Podemos bailar.

Mundo Arcoíris fue creado en el Jardín del Edén. A todos les encantaba bailar, bailaban y se honraban y alababan mutuamente. El Jardín del Edén fue desinteresado. Luego vino el pecado, y el egoísmo se convirtió en la nueva naturaleza humana. El pecado produjo comportamientos humanos egoístas y el baile se detuvo. Dios, a través del Hijo de Dios, Jesucristo, se acercó a la humanidad con una solución. A través de la fe en Cristo, Dios regalaría a los humanos la gracia de Dios. Podrían empezar a reconstruir Mundo Arcoíris. Por gracia pudieron bailar de nuevo. Por gracia pudieron practicar las virtudes que conducen a shalom y una vez más experimentar la aceptación.

Drama y Revelación Humano/Divinas

Dios estableció Mundo Arcoíris. Su base es una comunidad amorosa de desinterés mutuo. La danza de Mundo Arcoíris es la danza del amor desinteresado. Si quieres enseñar a la gente a bailar, la mejor manera es mostrándoles el baile. Como hemos visto en la Trinidad, Dios demuestra amor, honor, sacrificio y alabanza por el otro. Este es el baile. La danza produce unicidad, armonía y unidad. Jesús, la Palabra de Dios revelada y el Espíritu Santo nos enseñan cómo bailan.

Adam Dodds (2017, 24), un escritor y pastor de Nueva Zelanda, explica que Jesús no dejó un código escrito infalible o incluso reglas sobre la forma correcta de administrar los sacramentos. Lo que Jesús dejó atrás fue una comunión. Dios es dramático e implicado en la historia de la humanidad. Dios es una comunión del Padre, Hijo y Espíritu Santo, interactuando con la humanidad en el drama de la vida. Sabemos que Dios es dramático debido a las numerosas historias que vemos en las Escrituras sobre los actos poderosos de Dios. Además, también escuchamos testimonios de los seguidores de Dios que atestiguan los actos poderosos de Dios en sus vidas. Dios interactúa, y la interacción relacional de Dios es un drama. A través del drama relacional, hay revelación. El drama revela la verdad. La Biblia es una historia de revelaciones producidas por interacciones relacionales (Ott, Strauss, and Tennent 2010, 315). Dios, a través de la relación trinitaria, comunica plenamente el yo de Dios (Rahner 1997, 101–2). A medida que aprendemos las historias de la interacción de Dios con la humanidad, aprendemos quién es Dios y quiénes somos nosotros.

Las enseñanzas y los sermones de Jesús no son una presentación de PowerPoint sobre las complejidades de Levítico o Deuteronomio. No son talleres de teología ni conferencias sobre los dogmas de la fe. Jesús no hace presentaciones sobre la cantidad correcta de agua para usar en el bautismo, la edad correcta para bautizar, o incluso con qué frecuencia uno debe bautizarse. Tampoco hay detalles sobre la Comunión. ¿Tiene que ser vino y pan sin levadura? ¿Deberíamos invitar a todos a venir a la Mesa, o aquellos que reciban los elementos deberían ser sometidos primero a un examen teológico? Por mucho que a todos nos gustaría una conferencia detallada de Jesús sobre los sacramentos, lo que en realidad tenemos son historias.

De lo que se tratan las enseñanzas y la vida de Jesús es el drama humano. El drama de estar en una boda y convertir el agua en vino y la confusión de una madre (Juan 2:1-11). El drama humano del hijo pródigo y toda la interacción humana que tuvo lugar en torno al hijo descarriado (Lucas 15,11-32). El drama de la mujer samaritana junto al pozo, su vida, su historia y la confusión de los discípulos (Juan 4:4-42). El drama de los diez leprosos curados y el tema de la gratitud (Lucas 17,12-19). El ciego junto al estanque que pudo ver y todas las interacciones humanas que siguieron (Juan 9). La parábola del Buen Samaritano y todo el drama humano de los diferentes actores de esa historia (Lucas 10,25-37). La muerte de Lázaro (Juan 11), el ajetreo de Marta (Lucas 10:38-42), el recaudador de impuestos y el fariseo en el templo (Lucas 18:9-14), la aceptación de la prostituta (Lucas 7:36-50), el rechazo de los fariseos (Mateo 23). Los Evangelios contienen mucho drama. El mensaje del evangelio se revela a través de las interacciones humanas. A través de la comunidad, sus interacciones relacionales, entendemos el Reino de Dios.

Hay una razón para esto: la danza es una danza de relaciones. Casi todo lo que Jesús enseña y hace apunta a la relación, es decir, cómo amar a los demás. El baile es el amor desinteresado y cómo debería ser eso. Las lecciones de baile son historias sobre la vida, las relaciones y el amor, lo que lleva al discípulo a una mayor conciencia de sí mismo. Jesús nos invita a unirnos a la danza de la Trinidad. Ven a bailar con nosotros, y baila como bailamos.

Por el bien de la ilustración, piénsalo de esta manera. Digamos que su hija va a la escuela secundaria todos los días y hay cientos de estudiantes en la escuela. Pero un día, llega a casa y anuncia que tiene novio. Ella está enamorada. Debido a su amor, este joven se hace conocido en su familia. El anuncio es seguido por su descripción soñadora de lo increíble que es. Él es glorificado y alabado por tu hija, separándolo así de los cientos de otras personas en la escuela. El amor revela. Sólo por el amor de Dios, expresado en la Trinidad, conocemos al Padre, al Hijo y al Espíritu Santo. Se glorifican y alaban unos a otros, y como consecuencia, son conocidos. Amar a alguien y luego querer revelarlo a los demás es solo parte de la experiencia del amor. ¿Qué abuelo no está listo para revelar rápidamente una foto de su amado nieto?

Mundo Arcoíris se trata de revelarnos unos a otros a través de la alabanza y el honor y no glorificarnos a nosotros mismos.

Jesús hace un tipo de mensaje de PowerPoint en el Evangelio de Mateo (5 y 6), uno de los pocos. En esta conferencia, el Sermón de la Montaña, Jesús habla de la relación humana en el Reino de Dios. Menciona la ley levítica del Antiguo Testamento, explicando principalmente que la gente malinterpretó la ley. En lugar de disminuir la ley, Jesús dice que la ley es más exigente de lo que ellos piensan. La ley dice que no se asesine; Jesús dice que el odio es asesinato. La ley dice que no se cometa adulterio; Jesús dice que la lujuria es adulterio. La ley dice ojo por ojo; Jesús dice cuando se le ordene caminar una milla, camine la segunda milla también, y dar la camisa cuando se toma el abrigo. Jesús dice que hay que perdonar a los deudores, poner la otra mejilla, decir lo que se dice sin jurar, y no estar en conflicto con los demás mientras se hacen ofrendas a Dios.

Dios está atrayendo a la humanidad a la comunión de la Trinidad. El mensaje del evangelio es una historia sobre la reconciliación con Dios y entre nosotros. Las historias nos cuentan cómo es el amor, pasando el amor de un concepto abstracto a la vida real. El amor implica virtudes; de lo contrario, el amor es tan abstracto que no tiene sentido. En el Sermón del Monte, Jesús lleva la conversación de la Ley a un nivel más profundo que explica la intención de la Ley. Y los dramas que vive Jesús y las historias que cuenta ilustran el verdadero sentido de la Ley. El objetivo de Dios es capacitarnos para vivir de una manera tan radical que tengamos paz unos con otros y honremos y glorifiquemos a nuestro Creador y a los demás. El propósito de la vida virtuosa es experimentar shalom, es decir, comunión. La gracia es la clave: nos motiva a actuar con virtud.

Matrimonio, Modelando la Unidad de Dios

El matrimonio es un ejemplo de la danza, un prototipo de unidad, intimidad y comunidad. En Marcos 10, Jesús habla del matrimonio. Él dice que Dios hizo al hombre y a la mujer en la creación, y cada uno dejará a sus padres, y a través del matrimonio, los dos se convertirán en uno. El matrimonio es una expresión de unidad. Como los cónyuges pronto se dan cuenta, uno renuncia a lo que quiere en el matrimonio, por lo que el otro tiene lo que quiere. Jesús lo hizo fácil de entender cuando dijo: "Ama a tu prójimo como a ti mismo" (Mateo 22:39). El matrimonio es ponernos en el lugar de nuestro cónyuge. Estamos tratando de ver sus necesidades como ellos las ven. Y una vez que las entendemos, tratamos de satisfacer esas necesidades. Nuestro matrimonio se convierte en un libro de historias de amor sobre cómo es el amor desinteresado día tras día.

Los votos cristianos del matrimonio ilustran los ideales desinteresados del matrimonio. Los votos piden que cada uno se comprometa en la enfermedad y en la salud, en la pobreza y en la abundancia, en el dolor y en la alegría. Las parejas casadas, pronto en sus matrimonios, pueden contar historias de amor en el contexto de la enfermedad, la necesidad y el dolor. ¿Cómo es ser amado y cuidado cuando está enfermo, cuando está necesitado, cuando está triste? Un matrimonio exitoso es un drama de vivir virtuosamente, tomando decisiones que ponen a la otra persona primero. Nuestra oración es que la gracia nos inspire a amar como nos gustaría ser amados.

Un matrimonio exitoso permite la personalidad única de cada uno, y el matrimonio pide que cada uno honre al otro por encima de uno mismo. Los cónyuges son porristas el uno del otro, no de sí mismos. El amor resulta en el honor público de la otra persona. La alabanza y el honor mutuos, el amor desinteresado, es la base de la unidad. La unidad no es el control del otro o la igualdad. La unidad es la libertad de ser único mientras se glorifica al otro. La glorificación permite que cada persona sea conocida como única y especial. Nos convertimos, como se ve en la Trinidad, en mensajeros de la grandeza de aquellos a quienes amamos. La vida virtuosa es una vida que ama de manera tangible. Nuestras virtudes se ven en cómo glorificamos a los "otros."

La Gracia Revela la Naturaleza de Dios

El teólogo católico Karl Rahner (1961, I:310) explica que la gracia es la forma de comunicación de Dios. Dios quiere comunicar quién es Dios. Dios es amor. De hecho, toda la creación y toda la historia humana es para transmitir el hecho de que Dios es amor. La gracia es Dios dando la naturaleza de Dios a la humanidad. La pasión de vivir en una relación con Dios y con los demás es la gracia de Dios y revela la naturaleza de Dios. Por tanto, en la vida del creyente, la gracia nos inspira a vivir una vida virtuosa, que comunica la naturaleza de Dios a la humanidad.

Jesús explicó que conocerlo a él era conocer al Padre. Esta revelación fue una de las razones de la crucifixión de Jesús; afirmó ser igual a Dios (Juan 5:18). Los líderes judíos se enfurecieron por la afirmación de Jesús. Afirmaron que la ley judía exigía que Jesús muriera como blasfemo (Juan 19:7). Sin embargo, Jesús era quien decía ser. Jesús era igual a Dios. Pablo explica que Jesús, siendo totalmente igual a Dios, se humilló y se hizo hombre para glorificar a su Padre. Dios resucitó a Jesús de entre los muertos y exaltó a su hijo por encima de todos los demás (Filipenses 2:6-11). El Padre glorificó a su Hijo. La glorificación del "otro" mostró la naturaleza de Dios. El amor entre el Padre y el Hijo, su alabanza, honor y sacrificio el uno por el otro, nos enseñó a bailar.

Esta idea de amor se demuestra mediante el honor y la glorificación, revelando la singularidad de los que amamos. Lo sorprendente de la danza del amor desinteresado es que no produce conformidad. Produce distinción y singularidad porque mostramos amor al señalar cómo la persona que amamos es excepcional. El baile también revela que somos increíbles. Pero ese anuncio lo hacen otros. Cada uno de nosotros somos conocidos como personas excepcionales porque aquellos que nos aman revelan quiénes somos.

El teólogo Rahner (1961, I:310) explica que Dios tiene un solo plan, y es derramar "el amor que él mismo es". Agustín conectó la gracia con el amor. La gracia cambia la codicia egoísta (concupiscencia) por amor desinteresado (caridad). Dios cambia a los cristianos dándoles amor por "lo bueno" y amor por los demás. La gracia libera a los cristianos de ver a los demás como un medio para la autosatisfacción (Haight 1979, 49). Como explica Rahner (1961, I:311), la humanidad fue creada para que Dios pueda otorgar el amor de Dios en los corazones humanos. Los seres humanos deben ser una luz, un testimonio del amor de Dios. Dios les muestra misericordia y les da gracia, y sus seguidores se muestran amor unos a otros por la gracia de Dios. A través de la pasión de la gracia, el cristiano es libre de relacionarse con los demás de manera desinteresada. Agustín cita Romanos 12:21: "No te dejes vencer por el mal; al contrario vence el mal con el bien". Agustín (2010, 12) interpreta este versículo en el sentido de que la gracia nos aleja del egoísmo y del desinterés. La gracia es la pasión de amar, y el amor es el acto y la actitud de honrar y alabar a otro por encima de uno mismo.

La motivación para bailar proviene de la gracia y revela la naturaleza de Dios. Dios demuestra la danza por medio de cómo el Padre, el Hijo y el Espíritu Santo se aman y son amados el uno por el otro. Dios nos regala la gracia de Dios, la misma pasión que tiene Dios que produce la vida virtuosa del amor. La Divinidad presenta y explica la danza a través de las escrituras, que son historias de vida. Vemos la danza a través del testimonio del amor de Dios por Adán y Eva, Noé, Abraham, Moisés, Israel y en la vida de Cristo. Dios, interactuando con la humanidad es un drama que revela la danza. Jesús explicó, antes de su partida, que dejaría atrás a un instructor de baile, que sería el Espíritu Santo. La fuente del viento que nos cambia es el Espíritu de Dios (Juan 14:15-17, 25-26).

La Danza del Honor

Karl Barth, un teólogo suizo, nos ayuda a entender la danza. Barth dijo: "El Dios que viene a la iglesia es el Dios que ama en libertad entregándose incondicionalmente en amor" (Barth and Johnson 2019, 173). Jesús perdonó libremente a los pecadores arrepentidos y los honró. Jesús decidió amar a la humanidad aceptando desinteresadamente los pecados de la humanidad en la cruz y glorificando a aquellos que buscan el perdón de sus pecados (Lucas 22:42). Jesús lo expresó de esta manera mientras oraba a su Padre: "Yo les he dado la gloria que me diste, para que sean uno, así como nosotros somos uno" (Juan 17:22). Jesús transfirió el honor y la gloria que el Padre le dio a sus discípulos.

En el libro, *Misiones relacionales*, el honor y la gloria se explican tanto desde una perspectiva teológica como sociológica. La creación de Dios se basó en la glorificación, y la relación entre Dios y la humanidad fue de compartir el honor (Thomas 2020, 60–67). A continuación se explica el mensaje del evangelio desde la perspectiva del honor y la vergüenza.

"Back to God's Village" (De Regreso a la Aldea de Dios), un breve video de dibujos animados que se encuentra en YouTube y otros sitios web, explica el mensaje del

> evangelio desde la perspectiva del honor y la vergüenza. Ilustra cómo se ve el evangelio cuando se presenta como una historia de honor y vergüenza. El video explica que Dios creó al hombre y a la mujer y les dio un gran honor. Dios caminó con ellos y les permitió disfrutar de la creación de Dios. Incluso mientras estaban desnudos, no tenían vergüenza. Sin embargo, al buscar más honor y gloria para sí mismos, pecaron. Como resultado, se sintieron avergonzados. Debido a que Dios es honorable y el hombre y la mujer no lo son, Dios los envió fuera del jardín de Dios. Su vergüenza provocó rechazo. Perdieron su honor; ya no pertenecían. Todos sus descendientes vivían en la misma vergüenza familiar heredada, como ser hijos de un asesino o una prostituta. En un esfuerzo por recuperar el honor, la humanidad se separó en grupos y trató de decir que su grupo era más honorable que los demás. A menudo luchaban entre sí, tratando de ganarse el respeto de los otros grupos y ser honrados y glorificados por otros. Dios envió al Hijo de Dios, Jesús, la única persona honorable en la tierra. Jesús dijo que tomaría nuestra vergüenza si lo honramos. (Thomas 2020, 61)

La creación de Dios fue inicialmente un lugar de glorificación y compañerismo. Dios, Adán y Eva se deleitaron mutuamente mientras compartían la experiencia de la Tierra. Se glorificaron unos a otros. El pecado destruyó el compañerismo y la comunidad humana se fracturó en todos los niveles. Los humanos, para recuperar su honor, se volvieron egoístas y exigieron el reconocimiento de los demás. Hablando de los opresores de Israel, el profeta Habacuc dijo: "Son un pueblo [los opresores] temible y espantoso, que impone su propia justicia y grandeza [honor]" (Habacuc 1:7). Los opresores obligan a otros a glorificarlos. Como explica el video "Back to God's Village", la humanidad desarrolló grupos para que su grupo pudiera ser honrado por otros grupos. Este enfoque resultó en racismo, prejuicio, injusticia, etnocentrismo, turbas, conflictos y guerras. Por el pecado, hemos perdido nuestra gloria, y ahora formamos grupos y exigimos que otros nos honren.

Dios envió a Su hijo para restaurar la comunidad y la paz a través de la cruz. Jesús renunció a su honor por su sacrificio en la cruz. A través de la cruz, honró a Dios y a la humanidad. La entrega de Jesús a la cruz fue un acto de honra para el otro y no para sí mismo. Honró a su Padre siendo obediente a su Padre. Dios quería presentar un camino de reconciliación al mundo y restaurar la comunidad. Para ofrecer reconciliación, Jesús honró a la humanidad tomando su vergüenza por el pecado. La cruz fue una declaración de Jesús de honor para Dios y para nosotros. Jesús dijo: "—Si yo me glorifico a mí mismo —les respondió Jesús—, mi gloria no significa nada. Pero quien me glorifica es mi Padre, el que ustedes dicen que es su Dios" (Juan 8:54). Podemos concluir que la cruz se trata del amor desinteresado y la glorificación de los demás.

El baile es un intercambio de honor, donde uno nunca reclama el honor para sí mismo. Jesús proporciona una manera para que el arrepentido recupere el honor de Dios. La aceptación de Dios viene a través de nosotros honrando al Hijo de Dios. Como cualquier padre sabe, la mejor manera de ganarse el amor de un padre es amar a sus hijos. Como Jesús explicó en Juan 12:26, "Quien quiera servirme debe seguirme; y donde yo esté, allí también estará mi siervo. A quien me sirva, mi Padre lo honrará". La danza del amor es una de honor y alabanza. Esta es la danza que Dios busca restaurar. Honramos a los demás, no a nosotros mismos. El altruismo se expresa de muchas maneras diferentes: servicio, generosidad, hospitalidad, amabilidad, sacrificio, luto, humildad, humor, entrega y obediencia, por nombrar solo algunas formas de expresar honor a Dios y a los demás. Para entender la danza, uno simplemente debe leer las historias de las interacciones de Dios con la humanidad que se encuentran en la Biblia. En ellos vemos la verdadera naturaleza de Dios, la única gracia que trae a nuestras vidas. Esas historias nos muestran la danza divina de honor y glorificación del Otro.

Comunión

La Eucaristía es el término clásico usado para referirse a la Última Cena que Jesús compartió con sus discípulos antes de su crucifixión. (*Eucharistia* significa acción de gracias en griego). La Última Cena a menudo se llama la *Cena del Señor*. El término Cena del Señor se usó en el primer siglo y se basa en los versículos de 1 Corintios 11 sobre la Cena del Señor. Más tarde en la historia de la iglesia, las iglesias protestantes refutaron el poder de la Eucaristía para salvar y comenzaron a usar el término "Comunión".

La comunión capta la idea de una comunidad alrededor de la mesa en comunión. El foco central de esa comunidad es la persona de Jesucristo. Jesús, como el centro, lleva a la comunidad diversa a la comunión. La unidad de la comunidad y su diversidad reflejan el poder de Dios, que puede reconciliar a las personas para que puedan formar compañerismo que trascienda las diferencias étnicas, culturales, socioeconómicas, de edad y de género.

La Cena del Señor fue instituida para visualizar, ilustrar y demostrar el amor. Es el video promocional de la clase de baile. El bautismo está relacionado con la profesión de fe en Cristo. La Cena del Señor está relacionada con el amor desinteresado por los demás y el compartir nuestras vidas. En 1 Corintios 11:17-34, Pablo claramente presenta la Cena del Señor en el contexto de la reconciliación relacional. Después de que Pablo explica los elementos, Pablo da el criterio para recibir la Cena del Señor: "Así que cada uno debe examinarse a sí mismo" antes de comer o beber la Cena del Señor (1 Corintios 11:28). Pablo desafía a los corintios a dejar la mesa, sanar las relaciones rotas y regresar y tomar el pan y el vino. Agrega que todos deben ser pacientes unos con otros y no ser críticos. Esta comunión es más que un acuerdo doctrinal; es la unidad fundada en llevarse bien unos con otros (Cavanaugh 1998, 247).

Como explica David Bosch (2011, 167–68), un profesor de misiones, la Cena del Señor no es una comida de tolerancia mutua. Más bien, la Cena del Señor anuncia un nuevo cuerpo en el que los que están a la mesa están siendo transformados. La comunión de la Mesa es aquella en la que compartimos nuestras vidas unos con otros. Implícita en esta vida compartida está la voluntad de compartir las cargas de los demás, de invertir en la vida de los demás, de servir, de cuidar, de ser generosos y de ser amigos. Una vez en la mesa, se recuerda a todos la importancia del amor desinteresado. El pan en la mano nos recuerda el sacrificio de Cristo, la vida entregada para honrar a los demás. Y la copa nos recuerda el nuevo pacto de gracia. La gracia de Dios se da para que podamos practicar una vida virtuosa, una vida desinteresada que desarrolla la comunión lejos de la mesa.

Perdón

Si viviéramos en un mundo perfecto, en el que no existiera el egoísmo, no habría necesidad de perdonar. El perdón es la aceptación después de una ofensa. En Mateo 6:14, Jesús explicó que cuando las personas pecan contra usted, perdónelas como Dios le perdonó a usted. Esta escritura ilustra que el perdón se enfoca en aquellos que nos han lastimado. Para perdonar, primero debemos identificar a las personas que nos han decepcionado u ofendido. Parte de la danza de Mundo Arcoíris es aceptar a aquellos que pecaron contra nosotros. Más tarde, en Mateo 18:21-22, Jesús explicó que el perdón era una forma de vida. Le dijo a Pedro que no había cantidad de veces que uno se limitara a perdonar. Además, Jesús (Marcos 11:25) y Pablo (1 Corintios 11:17-34) explicaron que la oración debía ser un tiempo de reflexión y perdón. Recordamos a los que nos ofendieron y los aceptamos. Mostramos misericordia y no les damos lo que se merecen, lo cual sería una represalia.

La gracia produce una pasión por perdonar. Agustín se refiere a Esteban mientras lo apedreaban en Hechos 7:54-60. Perdonó a sus asesinos mientras lo mataban. Agustín añade que el "odio" impide que uno perdone. El ofendido eleva la ofensa hasta el punto de que es el foco de toda la relación. Agustín aboga por la oración pidiendo gracia para perdonar. La gracia da al ofendido el deseo de aceptar al ofensor. Una faceta importante de la danza de Mundo Arcoíris es la gracia de perdonar a quienes nos ofenden. Agustín (2007, 94) recuerda repetidamente a sus lectores el Padrenuestro: "Perdónanos nuestras deudas, como también nosotros hemos perdonado a nuestros deudores". Dios baila la danza que Dios espera que bailemos. Más adelante, en el capítulo 6, veremos qué sucede con la gracia cuando no perdonamos y permitimos que la amargura gobierne.

⌘

¿Cómo justifican los cristianos las buenas obras? El desafío ante el cristiano es vivir una vida desinteresada, una vida virtuosa. Las virtudes y las disciplinas son la base del desinterés. Las virtudes son las formas visibles en que amamos a los demás. Pedro nos recuerda la Palabra de Dios: "Sean santos, porque yo soy santo"

(1 Pedro 1:16). ¿Cómo podemos vivir vidas santas? En el próximo capítulo, veremos las buenas obras. Los protestantes luchan con la idea de las buenas obras. El dicho que se escucha con frecuencia es que "somos salvos por la fe y no por las obras". Este dicho tiende a disminuir las buenas obras y complicar la cuestión de hacer buenas obras.

4. Hacer el Bien: Bailar es lo Que Nos Hace Bailarines
Los Humanos obedecen lo que les da placer.

Al predicador presbiteriano de avivamiento James McGready, de principios del siglo XIX, se le atribuye ser una de las chispas del Segundo Gran Despertar en la frontera estadounidense. Este movimiento de avivamiento se extendió por Kentucky, Tennessee y otros territorios y estados circundantes de los EE. UU. durante muchos años. Involucró grandes cruzadas al aire libre que duraron días, con cientos y hasta miles de participantes y nuevos conversos al cristianismo. En parte, la cristianización de América y su proyección al mundo a través de las misiones tiene su origen en el Segundo Gran Despertar. La denominación a la que estoy afiliado, la Iglesia Presbiteriana Cumberland, nació del Segundo Gran Despertar. Los metodistas también fueron grandes beneficiarios de este Gran Despertar, así como otras denominaciones. Algunos de sus sermones sobrevivieron y se han impreso. Uno de ellos habla de la gracia y representa la teología del cristianismo reformado y evangélico/de avivamiento. Su enfoque de avivamiento, que enfatizaba la conversión y la expectativa de transformación, se ve en su sermón sobre la gracia. Dentro de una colección de sermones de McGready, hay un sermón sobre la gracia. El sermón se titula "La Sobreabundante Gracia de Dios" (Smith 1837, 197–212).

La Gracia es Mas Que Una Esperanza Futura

Una de las cosas notables del sermón de McGready es su énfasis en la desesperanza del pecado. El pecado se entiende como una enfermedad esclavizante o un veneno. Sin duda, su énfasis en la esclavitud del pecado resonó entre los que escucharon su sermón. Todos podrían identificarse con sentirse aprisionados por sus pecados. McGready se refirió a la condición humana como "la naturaleza venenosa e infecciosa del pecado" que envenena todo (Smith 1837, 200). Como consecuencia de esta infección, el corazón odia a Dios y la humanidad está dominada por el pecado. Los humanos están cegados y atrapados por el pecado. (Smith 1837, 204).

McGready habla de la gracia como la solución al pecado. Sin embargo, si miras de cerca, parece que está hablando de la salvación y no de la fuerza específica de la gracia. McGready dice que la gracia, que es la salvación, nos hace conscientes de nuestros pecados e insatisfechos con la forma en que vivimos nuestras vidas.

> La gracia todopoderosa puede subyugar millones de pecados y liberar completamente de ellos a todos los verdaderos creyentes, porque restaura a los muertos espirituales a la vida, santifica todos sus poderes y facultades y, a su debido tiempo, los llevará a una mayor abundancia de gloria y bienaventuranza que Adán perdió, y los confirmará en el pleno goce del cielo por los siglos ilimitados de la eternidad, lo cual prueba claramente que donde abundó el pecado abundó mucho más la gracia. (Smith 1837, 203)

La gracia se presenta como la forma de confrontar el pecado sometiendo "millones de pecados" y liberando "completamente de ellos a todos los creyentes". McGready continúa, afirmando que "a su debido tiempo" la gracia tiene su pleno efecto. Su punto es que una vez que morimos, encontramos la justicia. No se da ninguna razón en cuanto a cómo debemos vivir vidas cambiadas como cristianos. La fe es el enfoque; las buenas obras son secundarias a la fe. La esperanza cristiana de santidad se encuentra en el cielo. Dicho todo esto, McGready todavía cree que los cristianos deberían vivir vidas santas (transformadas) de alguna manera.

Los salvos, dice McGready, descubren "que sus corazones son totalmente depravados y opuestos a la naturaleza santa de la ley", a diferencia de los no cristianos, que son "la multitud irreflexiva y culpable" que nos rodea. (Smith 1837, 206). La idea es que la salvación trae conciencia del pecado. Las buenas obras son engañosas. Queremos dejar de pecar y hacer el bien, pero las buenas obras tienen más que ver con el remordimiento que con el deleite. Como explicó McGready: "Dentro de poco tu amado Jesús enviará por ti y te llevará a la casa de tu padre, donde el pecado y todos sus amargos efectos han sido desterrados".(Smith 1837, 206).

McGready, como la mayoría de los otros predicadores reformados de avivamiento, explicó que la clave era la fe, no las obras. Aclaró que Dios espera que los cristianos no sean hipócritas. Dios solo acepta sus buenas obras si esas obras provienen de su fe. "¿Han sido ustedes llevados a ver que su propia justicia, sus oraciones, lágrimas, gemidos, votos y buenas obras, son como escoria y estiércol a los ojos del Dios Santo?" (Smith 1837, 210). Sin fe, los esfuerzos por actuar con rectitud son energía desperdiciada. Así, por la fe y las obras, explica McGready, podemos estar seguros de nuestra salvación. (Smith 1837, 210).

McGready demuestra la lucha que tienen los protestantes con las buenas obras. La fe es fundamental para la salvación y asegura nuestro futuro en el cielo. Debemos sentirnos mal por nuestros pecados. Sentirnos mal por nuestros pecados es realmente el punto principal. Pero nuestra esperanza está en nuestra fe y nuestra recompensa eterna. La fe en la tierra es nuestro camino hacia la justicia futura en el cielo. Como explica McGready, incluso los no creyentes pueden hacer buenas obras. Por lo tanto, la fe es la clave y las buenas obras son, bueno, un poco problemáticas.

Sostengo que el punto de vista de McGready solo da una comprensión parcial de cómo la gracia nos cambia. Nos hace sentir descontentos con nuestra naturaleza pecaminosa, pero la gracia hace mucho más. La gracia no es una sensación de miseria. Y la salvación y el don de la gracia no son solo una esperanza de cambio después de nuestra muerte. Muchos líderes cristianos reaccionan correctamente a la teología de avivamiento que solo habla de sentirse miserable por nuestros pecados. El evangelismo puede ser visto como crítico y negativo y no placentero.

Obedeciendo lo Que Nos Da Placer

Uno de los estudiantes más ardientes de Agustín, Cornelius Jansen de Finlandia, se convirtió en profesor y sacerdote en Escandinavia. Como profesor de teología a principios del siglo XVII, Jansen se dedicó a un intenso estudio de Agustín. Escribió un voluminoso libro sobre Agustín llamado *Augustinus*. Antes de que se publicara, murió. Sus discípulos lo publicaron en 1640. Jansen le da un giro más positivo a la salvación que el predicador avivador McGready. El libro de Jansen creó un alboroto en la Iglesia Católica Romana. La Iglesia Católica Romana, en particular, la Orden de los Jesuitas, creía que las ideas del libro, que produjeron un grupo de devotos, apoyaban a Lutero y a otros protestantes. (Minor 2016, 141–42). De hecho, Jansen repudió a los protestantes en vida, pero expresó su aprecio por su entusiasmo. Esperaba que la Iglesia Católica Romana pudiera captar ese entusiasmo. Hubo muchas reuniones de líderes influyentes de la Iglesia, y el resultado final fue que el jansenismo fue declarado herético por la Iglesia Católica Romana.

Jansen hace un gran trabajo al explicar la gracia agustiniana como una fuerza de pasión. Jansen explicó que los humanos obedecen lo que les da placer, es decir, lo que desean. El hombre natural se ve obligado a obedecer o seguir sus deseos naturales. (Segundo 1973, 2:20). Como Pablo cínicamente explicó, "adoran al dios de sus propios deseos", y se deleitan en aquello de lo que deberían avergonzarse (Filipenses 3:19). Los placeres naturales esclavizan al pecador. El sermón de McGready hizo un gran trabajo al señalar esto. Sin duda, los oyentes se sintieron atrapados por su naturaleza humana. Por lo tanto, el hombre no es libre. La idea de Jansen era: "La gracia viene a dotar al bien del deleite que le falta" (Segundo 1973, 2:20).

Los discípulos de Jansen, después de su muerte, se inspiraron en sus escritos porque ofrecían una manera para que la gente se entusiasmara con el cambio. Los discípulos de Jansen querían reformar la Iglesia Católica, para devolver la piedad a su Iglesia. Los jansenistas estaban preocupados por la laxitud moral de la Iglesia (Minor 2016, 141, 143), y las ideas de Agustín sobre la gracia fueron el boleto a la santidad.

La gracia rompe la espalda del pecado cuando hace que, hacer el bien sea más placentero que hacer el mal. Hay una guerra en marcha en todos los creyentes, y sus pasiones naturales luchan contra las pasiones inspiradas por la gracia. McGready creía que la guerra salió mal y, en el mejor de los casos, la victoria en esta tierra parecía repugnancia por nuestros pecados. El cristiano debía sentirse miserable por sus pecados e intentar ser disciplinado. La motivación para ser bueno, para cambiar, se basaba en la vergüenza de ser malo. McGready predicó para rendirse a Dios, renunciar a sus pecados y tratar de vivir una vida santa. Jansen explicó que vivir una vida santa podría ser más que sentir miseria y esforzarse. No es sorprendente que McGready y otros evangelistas fueran acusados de ser... sí, pelagianistas.

McGready, reflejando el pensamiento de otros protestantes, entendió cómo la gracia ayudaba a uno a sentirse mal por el pecado, pero no estaba del todo claro cómo producía la vida virtuosa.

La Iglesia romana tuvo reuniones y debates durante décadas sobre las ideas de Jansen. Sus ideas llegaron hasta la audiencia del Papa, donde la mayoría de las ideas fueron condenadas. (O'Callaghan 2016, 208). Un problema era sobre el libre albedrío. La idea de Jansen de seguir el deleite de uno fue controvertida para los católicos porque sonaba como una esclavitud. La iglesia temía que la gracia pudiera tragarse el libre albedrío; así, uno es esclavizado por la gracia. Por esta y otras razones, la iglesia rechazó la idea de la gracia de Jansen (Segundo 1973, 2:20). Irónicamente, la Iglesia Católica Romana llegó a la conclusión de que deleitarse en hacer cosas piadosas era esclavitud. Como explica el teólogo de la liberación y sacerdote jesuita Juan Luis Segundo (1973, 2:20), la gracia y la libertad no están en conflicto. De hecho, se pueden combinar. En realidad, Jansen había explicado cómo se podían hacer buenas obras y no ser una dificultad. Y porque hacer cosas buenas era placentero, los piadosos vivían en libertad haciendo justicia.

Jansen hizo que la Gracia pareciera más optimista que McGready. La salvación lleva al pecador más allá del disgusto por su pecado al gozo en la justicia. Para Jansen, la gracia era una fuerza interna que permitía deleitarse en hacer buenas obras que agradaban a Dios. La gracia de Jansen es como tener sobrepeso y tener un medicamento que hace que los alimentos saludables y bajos en calorías tengan un sabor fantástico. La gracia cambió al pecador, dijo Jansen, al cambiar sus delicias. La gracia le permitió a uno vivir una vida feliz y cambiada mientras estuvo en esta tierra.

Dicho de otro modo, los de Mundo Arcoíris bailan porque es agradable bailar. Es su deleite bailar. Dios espera que sus seguidores bailen y, por la gracia de Dios, disfrutan bailar. Este arreglo es beneficioso para todos: los creyentes cumplen con las expectativas de comportamiento de Dios y, al mismo tiempo, los creyentes viven en libertad. McGready observó correctamente que los pecadores no se deleitan en su pecado. Todos quieren escapar de la soledad y quieren bailar y pertenecer. Jansen observó correctamente que el creyente encuentra placer en la justicia. Los creyentes encuentran placer en lo que los hace pertenecer. La gracia combina placer, libertad y rectitud.

El Problema de la Gracia como Identidad

El profesor Roger Haight (1979, 73) señala que la gracia, bajo la influencia de Tomás de Aquino, pasó de ser una fuerza curativa a un estado de ser. El siguiente paso lógico es separar la gracia de los actos justos y atribuir la gracia simplemente a ser declarado justo. Ser proclamado aceptado por Dios es la idea legendaria de que cada jugador en el torneo recibe un trofeo de ganador después del torneo de fútbol. Esto es lo que hicieron algunos protestantes: la gracia se convirtió en un don, y ese don fue una nueva identidad. El nuevo regalo de "identidad" era algo que no se merecían.

Agustín dijo que la fe es donde uno obtiene la energía para actuar; nos convertimos en lo que hacemos con gusto. De hecho, esto era lo que buscaba Tomás de Aquino: nuestra identidad y nuestros actos son inseparables. En algún momento de la historia teológica, los dos se separaron, y fue entonces cuando comenzó la confusión.

A medida que pasaba el tiempo en la iglesia, muchos líderes disminuyeron la gracia como una fuerza para actuar con rectitud y explicaron que la gracia era Dios aceptando a los que no la merecían. La atención se centró en la gracia como don de identidad. Como resultado, una persona era proclamada justa sin importar sus obras. Todos somos ganadores, y todos conseguimos un trofeo. Es natural que la idea del universalismo se convirtiera en el siguiente paso lógico para algunos teólogos. Si Dios es amor y la gracia es aceptación, ¿no aceptaría un Dios que todo lo ama a todos, independientemente de sus obras o creencias religiosas? El universalismo es la idea de que Dios ama y acepta a todos. Todos son escogidos por Dios sin importar su religión o su falta de religión. El universalismo es hiperelección. Dios en el amor infinito de Dios acepta a todos. El universalismo ve la gracia como un amor infinito, y Dios acepta a todos los que no lo merecen independientemente.

La mayoría de los teólogos protestantes y católicos no son universalistas. Pero Lutero minimizó las obras cuando explicó: "Las obras, por ser cosas irracionales, no pueden glorificar a Dios, aunque pueden hacerse para la gloria de Dios, si la fe está presente" (Luther 1520, 22). La idea es minimizar el baile y maximizar la identidad como bailarín. La identidad del cristiano proviene de la fe y, en menor medida, de lo que uno hace. La minimización de las obras llevó más tarde a algunos teólogos a preguntarse si las obras tenían algún valor.

En el Mundo Arcoíris de Lutero todo el mundo es un bailarín horrible, y saben que lo son. La solución de Lutero fue que los cristianos deberían estar disgustados por sus pecados. "¡No puedes bailar! Y deberías sentirte horrible. Eres un bailarín que baila muy mal, pero todas las personas que se proclaman bailarines van al cielo. En el Mundo Arcoíris de Lutero, cuando llegues al cielo, bailarás perfectamente.

Permítanme compartir tres formas de justificar las buenas obras al enfatizar la fe y no las obras. Y en cada caso, señalaré el problema.

Un enfoque proviene del remordimiento. Tenemos remordimiento por nuestros pecados y nos sentimos mal. Los predicadores de avivamiento hicieron un gran trabajo al señalar cuán desesperados son los cristianos. Los cristianos se distancian del comportamiento pecaminoso porque sienten remordimiento por sus pecados. El sentimiento de vergüenza produce la abstinencia del pecado. Es como tener sobrepeso y enfrentarse a una mesa de postres. Nuestro disgusto por nuestro peso nos impide comer. Ciertamente, esta no es una manera gozosa de vivir la fe de uno: avergonzarse de hacer cosas piadosas y no hacer cosas pecaminosas es agotador. Además, eventualmente uno trata de encontrar una manera de escapar de su vergüenza, incluso si implica la negación.

Otro enfoque es hacer buenas obras por gratitud. Dios nos acepta y nos da una nueva identidad, y debemos estar agradecidos. La forma de expresar gratitud a Dios es actuar de manera que agrade a Dios. La gratitud es entonces un intercambio en el comercio. Nuestras buenas obras son el pago por la aceptación de Dios. Sin embargo, la gratitud debe ser una expresión de humildad que reconoce la dependencia de los demás. No es pago por el regalo recibido. Si recibimos un regalo, ¿estamos obligados a devolverlo? Si nuestras buenas obras son el pago de nuestro regalo, entonces estamos trabajando.

El tercer enfoque que algunos defienden es ver la expiación como Jesucristo escondiéndonos de la vista de Dios. La idea es que cuando se empareja al pobre bailarín con un gran bailarín, el juez solo ve al gran bailarín. Reclamamos la justicia de Cristo. Dios solo ve al bailarín fantástico, Jesús. Por la fe en Cristo, uno ahora transfiere su obligación de buenas obras a Cristo. estamos escondidos. La expiación entonces significa que Jesús nos esconde de la vista del juez. Nuestra confianza está en Jesús, y nuestras obras no son tan importantes.

Sin embargo, Agustín (2014, ch. 16) explica que la expiación nos libera de los deseos carnales humanos (concupiscencia) y nos regenera con el Espíritu de gracia. La Biblia no enseña la expiación como si Cristo escondiera nuestros pecados. No usamos a Cristo para escondernos del juez. La expiación es la idea de ser infundido con poder. Estamos cubiertos de gracia. Por la expiación por medio de Cristo, experimentamos gozo en Dios (Augustine 2014, ch. 16). La gracia no es un manto que nos esconde; es una fuerza que fluye en el creyente, reemplazando el egoísmo por el desinterés. Nuestra naturaleza renace para ser como la naturaleza de Dios.

El amor implica buenas obras. Necesitamos formas tangibles de amar a los demás si queremos formar una comunidad. Usando el baile como metáfora del amor, podemos decir que bailando creamos una comunidad de aceptación mutua, y pertenecemos. Cuando bailamos, formamos una comunidad amorosa. Cristo viene a nuestro corazón, y por gracia somos transformados. La expiación es el Espíritu de Dios que nos da poder para amar, para hacer buenas obras, lo que nos hace agradables.

Lutero minimizó las buenas obras y se centró en la fe. La fe, creía, nos daba estatus a los ojos de Dios. Su perspectiva era que éramos sacerdotes, reyes, personas libres, hijos de Dios y coherederos como creyentes en Cristo. La fe le dio al creyente este tipo de identidad. Estas posiciones de estatus no eran posiciones sociales literales que una persona tenía en su comunidad. Eran posiciones que una persona ocupaba en el ámbito divino porque estaba en Cristo. Lutero separó la relación inseparable de Tomás de Aquino entre actuación e identidad. El impacto fue enfatizar la identidad sobre el desempeño. En consecuencia, muchos teólogos protestantes se pelearon entonces tratando de justificar por qué el buen comportamiento debería ser parte de la vida del cristiano. Estos líderes creían en vivir vidas santas y justas; algunos incluso eran pietistas. Pero sin gracia, todas sus explicaciones tendían a quedarse cortas. A veces sonaban como pelagianistas. Sin la idea de un poder interno que nos hace dispuestos y capaces de agradar a Dios, las obras se convierten en obras.

Roger Haight (1979, 156), un católico, señala que Lutero probablemente experimentó el tipo de gracia que explicó Tomás de Aquino. Lutero tuvo una experiencia que lo elevó y lo cambió. Estaba inundado de pasión y energía para hacer cosas por Dios y por los demás que nunca antes había hecho. Lutero hizo buenas obras. Estaba divinizado y era un participante entusiasta y libre de la misión de Dios. Lutero experimentó la gracia, pero no se dio cuenta de que todas sus obras eran evidencia de que él era un participante entusiasta y libre en la misión de Dios (Haight 1979, 156). La fe y las obras no necesitaban estar separadas. La gracia agustiniana mostró el camino. Este entendimiento fue el punto de Tomás de Aquino sobre la gracia. La gracia y la identidad van juntas y, en consecuencia, también las obras y la fe. Como Pablo explicó: "Pero por la gracia de Dios soy lo que soy, y la gracia que él me concedió no fue infructuosa. Al contrario, he trabajado con más tesón que todos ellos, aunque no yo, sino la gracia de Dios que está conmigo" (1 Corintios 15:10). Pabo dijo, bailé, y bailé bastante bien; pero no fui yo. Dios en mí me hizo un buen bailarín.

Juan Calvino, por otro lado, estaba más inclinado hacia la gracia agustiniana. Calvino dijo: "La culpa es de la naturaleza, mientras que la santificación es de la gracia sobrenatural"(Calvin 1509, bk. 2, ch. 2, sec. 7). Calvino habla de la transformación del alma por la gracia, inclinándose así hacia la gracia como fuerza. Se suprime el apetito natural y se renueva la mente. Estuvo de acuerdo con Lutero en que todo el corazón humano está corrupto, pero la gracia reemplaza los deseos corruptos con deseos piadosos. Con gracia, una persona es libre. Gracia, obras y libertad, dicen tanto Calvino como Agustín, están integradas. Hacer el bien desde la pasión por hacer el bien es vivir en libertad. De acuerdo con Agustín, Calvino (1509, bk. 2, ch. 2, secs. 4–9) explicó que los humanos no eran libres cuando estaban encarcelados por voluntades que codiciaban el pecado.[1]

Por qué la Gente Hace Buenas Obras

Hay otra realidad, una que es obvia para muchos. Muchos no creyentes bailan, y algunos bailan muy bien. Esta observación fue el principal argumento de Pelagio para promover que la propia voluntad y la autodisciplina podían producir una vida santa y la salvación. ¿Por qué bailan los no creyentes? A continuación se presentan diferentes suposiciones acerca de los no creyentes que hacen buenas obras.

1. **Bailarines Humanos:** Dios hizo a los humanos a su imagen y semejanza con ciertas habilidades innatas para hacer el bien. Todos los humanos pueden bailar. Su danza es la sombra de Dios que todavía está en ellos después de la caída en desgracia de Adán y Eva (Génesis 3, el Jardín, el

---

[1] En 1542 Juan Calvino estableció una teocracia gobernada por el clero en la ciudad de Ginebra. Por todas las cuentas fue un desastre. Calvino forzó el cumplimiento de las prácticas religiosas, como la Cena del Señor, la asistencia a la iglesia y los códigos morales de conducta. Si un ciudadano no cumplía, era castigado; en algunos casos, torturado y ejecutado. A pesar de la apreciación y promoción de la gracia de Calvino como una forma de motivar la rectitud, volvió a las costumbres de su época. Usó el poder civil para forzar el control religioso. Incluso Agustín creía que el estado (Roma) y la iglesia, trabajando juntos, podían cristianizar el mundo. Dudo que Agustín hubiera llegado alguna vez tan lejos como lo hizo Calvino en Ginebra.

primer Mundo Arcoíris). El escritor chino Watchman Nee se refirió a esto como el "poder latente del alma". (Nee 1972). Nee explicó que el baile es falso: parece ser piadoso, pero en realidad tiene motivos egoístas. La danza es impulsada por la naturaleza humana (Nee 1972, 20). Este punto de vista es lo que también dijo McGready: "la gente hace cosas buenas por razones equivocadas. Su baile no es auténtico". El profesor de teología italiano Paul O'Callaghan (2016, 206) está de acuerdo cuando dice que su baile es "vicios camuflados". Así, la razón o motivo para hacer el bien es más importante que las buenas obras. La piedad es bailar por las razones correctas, y esas razones giran en torno a la fe en Cristo. Los no cristianos hacen buenas obras desde el resplandor de la creación, y son en vano. Esas obras no importan sin la fe en Cristo.

2. **Bailarines Engañados:** Otra idea común es que tanto los cristianos como los no creyentes son bailarines horribles. La diferencia es que los cristianos saben que son pésimos bailarines. Los no cristianos no admiten que son pésimos bailarines. Los cristianos creen que su baile no es muy bueno y los no cristianos creen que su baile es excelente. Dicen cosas como: "No soy un asesino ni una mala persona". Como explicó Lutero, por la fe en Cristo, reconocemos que no somos buenos bailarines (somos pecadores) y que Dios nos ha perdonado y aceptado tal como somos. (Haight 1979, 90). Los cristianos son malos bailarines, y lo saben. Los no cristianos son malos bailarines, pero no lo admitirán. Los no cristianos se han engañado a sí mismos al creer que el baile que hacen es mejor de lo que es. Son justos a sus propios ojos y esperan que Dios aprecie lo buenos bailarines que son (Proverbios 21:2).

3. **Nacidos Bailarines:** Desde este punto de vista, todos son bailarines, tanto cristianos como no cristianos. Todos estamos hechos a la imagen de Dios, y todos somos bailarines. De hecho, recibimos este extraordinario regalo al nacer. La gracia implica nacer rico y no darse cuenta plenamente de lo rico que uno es porque siempre ha sido rico. Nacimos bailarines, y bailamos, a menudo sin darnos cuenta de que estamos bailando. Los humanos son seres sociales; es nuestra naturaleza piadosa. "La gracia va más allá de los límites de la Iglesia y de alguna manera alcanza a toda la humanidad" (Segundo 1973, 2:103). Cristianos y no cristianos hacen cosas buenas, lo cual es evidencia de que la gracia de Dios es universal. Este concepto se llama universalismo. "Cristo vino a salvar a todos los seres humanos, no solo a cada individuo sino a todos juntos" (Segundo 1973, 2:105). Dios ha proclamado aceptada a toda la humanidad, y la gracia de Dios es tan amplia y tan profunda que todos la han recibido. Todo el mundo, en algún nivel, hace buenas obras. Llegar a la fe es darnos cuenta de nuestra identidad, una identidad que tenemos, lo sepamos o no. Dios acepta tanto a los no cristianos como a los cristianos. Todo el mundo hace buenas obras lo suficientemente bien.
4. **Bailarines Obligados:** El no cristiano puede obtener un cierto nivel de justicia, pero es una justicia que se basa en la obligación, la autodisciplina, el miedo al castigo y/o el legalismo. La idea de la ley es que obliga a las buenas obras. El Nuevo Testamento dice que la ley se queda corta, pero presiona a los pecadores a vivir con rectitud (Romanos 3:20). Las comunidades, en ausencia de gracia, deben establecer límites y expectativas para que sus miembros los sigan. Entonces esos límites deben ser

vigilados. Los grupos religiosos fundamentalistas extremos son ejemplos de este enfoque legalista de las buenas obras. Los miembros de la comunidad se ajustan a las expectativas del grupo. Las personas se sienten obligadas a hacer el bien debido a la presión del grupo. Nadie quiere ser castigado o ser un paria. Una de las consecuencias de la conformidad forzada es que los estándares morales y éticos cambiarán a medida que cambien las leyes de la sociedad y los estándares sociales. La conformidad es impuesta por el legalismo y la aceptación o el rechazo de los comportamientos por parte de la sociedad. La bondad, como la define la sociedad, es una obligación.

Agustín estaba tratando de resolver un problema. El problema se ve en las explicaciones anteriores acerca de hacer buenas obras. Su innovación fue sobre cómo cambiar y evitar las trampas vistas anteriormente. Agustín explicó cómo la salvación resultó en buenas obras. Esos hechos no se basaron en el esfuerzo humano por comportarnos, el autoengaño de que nos estamos comportando mejor de lo que somos, la aceptación universal de todos los comportamientos o los comportamientos forzados dictados por la presión de los compañeros. La discusión sobre la gracia fue una discusión sobre lo que significa para un cristiano cambiar y ser diferente. La salvación, a través de la fe y la gracia, ofreció una forma de cambio más realista que las anteriores.

La salvación es una transición en la dirección, no una continuación en nuestra dirección actual. La salvación tiene que ver con el cambio, no con la glorificación de una vida sin cambios. Y la salvación se trata de la libertad en Cristo, no del legalismo del Antiguo Testamento. La salvación y la transformación cristianas son un rugido de energía de Dios en el corazón del arrepentido que hace que las buenas obras sean un deleite. Ese fue el punto central de Agustín: la gracia hace que el cambio sea delicioso. La gracia hace que los creyentes sean relacionales al cambiar sus acciones y actitudes. El cambio cultivado por la gracia muchas veces no se ajusta a las expectativas de la sociedad. Pero la gracia infunde comportamientos que agradan a Dios y construyen comunidad. Los seguidores de Cristo pueden experimentar la libertad y el placer de hacer el bien. Sus buenas obras fomentan una comunidad significativa. La gracia trae libertad a la voluntad y deleite en hacer el bien como Dios define el bien.

El Problema de la Gracia como Aceptación

Otro énfasis que algunos han hecho con respecto a la gracia es la idea de que la gracia es aceptación. Algunos dicen que Mundo Arcoíris no se trata de bailar. Más bien, se trata de aceptación. Consideremos la idea de la gracia como aceptación. La lógica es la siguiente: si Dios es amor y todopoderoso, indudablemente Dios puede amar a cualquiera. La profundidad del amor de Dios se ve en cómo Dios puede aceptar lo inaceptable y declararlo justo. Por lo tanto, la gracia de Dios, entendida como aceptación, muestra cuán expansivo es el amor de Dios cuando Dios acepta a aquellos que nadie más aceptará. El mensaje del evangelio se convierte en Dios nos acepta. Y el evangelismo enfatiza que debemos aceptar a todos como hemos sido aceptados. El énfasis no está en el comportamiento o las obras. Lo que importa es la aceptación.

En el contexto de la gracia como aceptación, la misión de la iglesia se convierte en una hipersensibilidad a la aceptación de los demás. Si Dios nos acepta, debemos aceptar a todos. El punto no es "cambiar"; es reconocer nuestra identidad como persona a la que Dios acepta, y luego aceptar a cada uno tal como es. Aceptar a los pobres, hambrientos, marginados sociales y rechazados es la forma en que mostramos gracia a los demás. Los pecadores atrapados en sus pecados deben ser aceptados. El evangelismo se enfoca en ayudar a los marginados. ¿A quién ha rechazado la sociedad? Esos son los que debemos aceptar como nuestra demostración de gracia. Aceptamos personas indignas de la aceptación de la sociedad.

Usted pregunta: "¿Aceptar a los marginados no es parte del mandato del evangelio?" Claro que sí. Pero el mandato evangélico no deja a los pecadores o a los marginados en su miseria. La iglesia va a los márgenes, pero no se queda ahí. Debemos proclamar la fe en Cristo y anunciar la esperanza de la gracia transformadora. La gracia puede cambiarnos. Puede sacarnos de nuestra miseria. Puede liberarnos de la prisión en la que nos mete el egoísmo. Cuando Jesús descubrió a la prostituta en la calle parada frente a una turba lista para matarla a pedradas, intervino. Al hacerlo, se acercó a los marginados. Detuvo a la multitud. Luego se volvió hacia la prostituta y le ofreció la transformación: "Ahor vete, y no vuelvas a pecar" (Juan 8:1-11). La gracia puede inspirarnos a no pecar más. Por la gracia y las virtudes que inspira, podemos actuar de manera que construyan comunidad, aceptación y pertenencia. Sin la gracia, aceptamos a los pecadores no arrepentidos y no les damos esperanza de transformación ni esperanza de una comunidad amorosa. ¿Cómo se convertirán los marginados en parte de nuestra comunidad si no pueden bailar? Por fe y gracia, pueden bailar.

La gracia nos cambia para que nos comportemos de tal manera que la gente pueda aceptarnos. ¿Por qué amamos a Dios? Porque Dios es virtuoso y amoroso. Las acciones de Dios hacia la humanidad son sacrificiales y desinteresadas. Tal vez nunca te hayas dado cuenta, pero debido a que Dios es desinteresado, Dios es fácil de agradar. Eso es lo que la gracia está haciendo en el creyente; nos está ayudando a ser virtuosos y amorosos, en otras palabras, a ser aceptables. Bryant Myers, exdirector de Visión Mundial, una agencia de ayuda humanitaria, explica que los pobres no son pobres simplemente porque carecen de provisiones. Cierto, los pobres carecen de comida, vestido y/o vivienda. Pero lo que realmente les falta, explica Myers, son las relaciones correctas. Su pobreza es el resultado de estar fuera de una comunidad saludable. (Winter et al. 2009, 607–9). Para estar completos, necesitan ser parte de una comunidad saludable. Para ser parte de una comunidad saludable, ellos también necesitan cambiar y volverse saludables. Las iglesias saludables y los grupos cristianos se acercan a los marginados, y deberían hacerlo. Pero en última instancia, los marginados tienen que tomar decisiones que resulten en cambios. Los "marginados" están en una mejor posición para cambiar cuando una comunidad se acerca a ellos y les comparte cómo la fe, el arrepentimiento y la gracia pueden hacer que uno sea virtuoso y amoroso y parte de una comunidad.

Las iglesias que predican la aceptación de los marginados y no la transformación a través de la gracia descubren que los marginados gastan mucho tiempo y recursos y permanecen marginados. Los líderes de la iglesia están dispuestos a dar su tiempo y recursos como expresión de aceptación. Pero la persona sin cambios sigue viviendo en la miseria. Esto produce el mundo sin baile donde todos se paran preguntándose por qué no hay sentido de pertenencia. Bailar es nuestra forma de pertenecer. Si la transformación no es parte del mensaje del evangelio, a través de la gracia, entonces los marginados continúan viviendo en formas que les han hecho ser rechazados por la sociedad.

Donde no hay expectativa de transformación, la iglesia se convierte en una comunidad egocéntrica que se siente bien aceptando a los marginados. Curiosamente, cuanto más quebrantado está el pecador, cuanto más disfuncional es, mejor se siente la iglesia al aceptarlo. La iglesia puede sentirse bien, pero el pecador se siente perdido y desconectado. Los comportamientos que crearon aislamiento, pobreza y penurias continúan. No hay baile. La prostituta de Juan 8 nunca encontraría una comunidad de pertenencia si intentara unirse a una iglesia y continuara en su prostitución. La prostitución destruye la comunidad. Jesús afirmó esto cuando dijo que no pequemos más. La fe trae gracia y libertad junto con el cambio. Si la gracia no es parte de la salvación, entonces la miseria nunca cesa y la comunidad nunca se encuentra.

La realidad es que la vida virtuosa descrita en la Biblia está diseñada para construir comunidad. Sin hechos, sin danza, no hay comunidad amorosa. ¿Cómo podemos aceptarnos unos a otros cuando todos nos comportamos tan egoísta y pobremente? Primero, debemos renunciar al egoísmo y luego debemos cambiar a través de comportamientos impulsados por la gracia. Donde no hay virtudes, no hay baile. Donde no hay baile, es imposible tener una comunidad.

¡La solución de Agustín al pecado, fue bailar! Él creía que se esperaba y empoderaba a los cristianos para vivir con rectitud. Podían bailar porque la salvación traía la gracia, que producía el deseo y la capacidad de bailar. Por gracia el cambio y la comunidad fueron posibles. Como explica Segundo, Jesús dijo: "Porque les digo a ustedes que no van a entrar en el reino de los cielos a menos que su justicia supere a la de los fariseos y de los maestros de la ley" (Mateo 5:20). Segundo también se refiere a este verso: "—¿Por qué me preguntas sobre lo que es bueno? —respondió Jesús—. Solamente hay uno que es bueno. Si quieres entrar en la vida, obedece los mandamientos" (Mateo 19:17). Segundo (1973, 2:140) luego concluye: "Así, el cumplimiento de los mandamientos de Dios es a la vez posible y necesario."[2]

---

[2] Segundo era un universalista, creyendo que toda la humanidad hace buenas obras. Así toda la humanidad tiene la gracia y se salva (Segundo 1973, 2:103).

La innovación de Agustín fue que la gracia es de Dios, y es una fuerza en el corazón del creyente para comportarse con rectitud. En cuanto a la justicia, es una vida basada en el amor. El amor es recíproco; todos bailamos Cuando todos bailamos, creamos una comunidad amorosa. La gracia es siempre de naturaleza relacional. Nuestra comunidad es virtuosa; hacemos cosas desinteresadas. Las virtudes llevan el amor de una idea abstracta a acciones concretas. Nuestra aceptación mutua no es condescendiente, como los ricos que dan limosna a los pobres y marginados. La danza es transformadora y convierte al marginado en parte de la comunidad. Somos aceptados en una comunidad porque la gracia nos ha hecho amables; nos ha transformado. La gracia no es aceptación y una nueva identidad. La gracia es una fuerza interior que nos hace dispuestos y capaces de agradar a Dios y así ser aceptables. Debido a que estamos cambiando, Dios nos acepta y a otros les gusta estar cerca de nosotros, por lo tanto, pertenecemos. Bienvenidos a Mundo Arcoiris, donde todos bailamos.

Tratando de Explicar Gravedad y Gracia

El problema con la gravedad es que está en todas partes, todo el tiempo. Todos vivimos en la gravedad, y solo unos pocos estudian la gravedad. Lo mismo es cierto de la gracia. Cuando uno estudia su experiencia con la gracia, obtiene un entendimiento acerca de la gracia. Roger Haight (1979, 35) observa que Agustín trató de explicar su conversión, su transformación, que fue un fenómeno. La mayoría de nosotros simplemente aceptamos la gravedad; solo unos pocos la estudian. Agustín estudió su experiencia de la gracia

---

Dejando eso de lado, y no es poca cosa dejar de lado, Segundo aclara que las buenas obras son una característica importante de la salvación.

a través de un microscopio teológico. Tomás de Aquino, Jansen, Lutero, Calvino y otros estudiaron la teología de Agustín para comprender la gracia. La base de la observación de Agustín fue lo que había experimentado en su vida y lo que vio en las Escrituras. Si queremos hablar sobre la salvación y cómo funciona (y no todos necesitan o quieren hacer eso), debemos hablar sobre la gracia desde una perspectiva "microscópica".

Pelagio, de una manera extraña, también estaba mirando a la gracia. Simplemente no sabía que la gracia era lo que estaba mirando. Se dio cuenta de que, como cristiano, además de monje, podía vencer los deseos pecaminosos. Mire el compromiso y el sacrificio personal de Lutero por su fe. Experimentó la gracia. Su vida fue un entusiasmo por Dios, que atribuyó a la fe. Pero fue su fe la que trajo la gracia, la fuente de su entusiasmo. Creo que se lo puede imaginar; la gracia es omnipresente. Donde hay entrega (ver Capítulo 6), hay un torrente de gracia. Donde hay masa, siempre hay gravedad. No tienes que saber nada de física para experimentar la gravedad, y no tienes que saber nada de teología para experimentar la gracia. Como lo demostró Pelagio con su vida pietista, podemos tener una teología terrible y aun así experimentar la gracia. Ni la gracia ni la gravedad tienen que entenderse completamente para que funcionen.

Pablo ilustró con su conversión del Camino de Damasco que una persona puede cambiar totalmente la dirección de su vida en unos pocos días. De hecho, la gracia puede mover a una persona en la dirección opuesta a la que se dirigía su vida. Como otros atestiguan, este cambio de dirección puede ocurrir en un momento. Es tan dramático y tan personal, este cambio de corazón, que se siente como un nuevo nacimiento.

Agustín y Tomás de Aquino eran científicos teólogos. Diseccionaron la salvación para entenderla. Sin embargo, la salvación también funciona para aquellos que no tienen interés en diseccionar la teología. Y la belleza de la gracia es que no hace acepción de personas. Actúa en el corazón de los rendidos, independientemente de su capacidad social, educativa, económica, cultural o intelectual.

El fruto de la gracia son expresiones de amor desinteresado, que se muestran al honrar y alabar a los demás. Las consecuencias de la gracia son comportamientos que producen fraternidad, comunidad, pertenencia, aceptación, intimidad y comunión. Cuando las virtudes producen una comunidad desinteresada, el Reino de Dios está en pleno florecimiento trinitario. La gracia hace esto de maneras que la mayoría de los cristianos nunca entienden. Simplemente saben que algo sucedió, y han cambiado. Bailamos; de hecho, debido a la gracia, debemos bailar. Cuando a uno se le da el corazón de un bailarín, no puede hacer nada más que bailar. Lo gracioso es que puede que ni siquiera sepan por qué están bailando.

⌘

La gracia es una fuerza que convierte el corazón humano, y es una fuerza que empuja al cristiano a seguir cambiando a lo largo de su vida (santificación). Si la gracia puede cambiarnos, entonces, ¿adónde vamos para obtener la gracia? En el próximo capítulo, veremos cómo obtener gracia.

5. Salvación: Empezando el Baile
La gracia fue a la guerra contra la pasión de ser egoísta y egocéntrica.

La historia de la iglesia cuenta una historia sobre diferentes formas de activar la gracia. Lamentablemente, esta historia a menudo contiene cargos criminales, castigos e incluso la muerte para aquellos que tenían ideas teológicas diferentes. Cuando Saulo cayó sobre su rostro en el camino a Damasco, escuchando la voz de Dios, rápidamente experimentó la gracia. Su vida cambió drásticamente. Similar a un relámpago que ilumina el cielo nocturno, la gracia de Dios en la vida de Saulo fue una asombrosa y rápida transformación de la oscuridad a la luz. Los teólogos preguntan, ¿qué inició este rugido de transformación motivado por la gracia? Vemos vidas cambiadas a nuestro alrededor. Obviamente, la gracia viene de Dios, pero ¿cómo nos conectamos a esta fuerza? Al observar el Big Bang, los físicos solo pueden mirar hacia atrás e interpretar las consecuencias como una forma de comprender el universo actual. Lo mismo con la gracia: los teólogos miran las escrituras y sus experiencias de cambio y tratan de entender cómo ocurre la transformación. La iglesia y sus teólogos han considerado muchas preguntas. Pero todo se reduce a una pregunta: ¿cuál es la chispa que inicia el baile?

La Política es Dura con la Teología

Antes de ver algunas ideas sobre dónde obtener la gracia, debemos tomarnos un momento para apreciar la Iglesia cristiana de los primeros 1600 años. El cristianismo nació bajo la opresión del imperialismo romano. Roma y Grecia tenían sus propias religiones politeístas. Eran similares en que sus religiones eran una asociación geopolítica entre la religión y el estado. El estado era el patrocinador de la religión. Los asombrosos templos construidos por Roma y Grecia fueron proyectos del gobierno. La religión legitimó el estado al proclamar que aquellos en el poder fueron aprobados y bendecidos por los dioses para gobernar. Los emperadores, a veces en la historia, fueron reconocidos por sus ciudadanos como dioses. No hubo separación entre la fe religiosa y el poder político. En este arreglo, los poderes militar y judicial del estado estaban a disposición de los líderes religiosos. La guerra, la conquista y la expansión se convirtieron en una expresión religiosa. Y la pureza religiosa, junto con el nacionalismo y la lealtad al rey (o al emperador), se convirtió en un asunto de Estado. La fe religiosa y la lealtad nacional eran inseparables.

En el siglo IV, gracias al emperador Constantino, el cristianismo fue aceptado como religión de Roma. Agustín se dio cuenta de la importancia del marco geopolítico de la religión y el estado, que Roma había mantenido a lo largo de los siglos. Él creía que una asociación entre la iglesia y el estado ayudaría a la Iglesia a cristianizar el mundo. (Bosch 2011, loc. 5705). Una vez que Roma aceptó el cristianismo, se le infundió poder político y judicial. Más tarde en la historia, los conquistadores españoles fueron un ejemplo de la Iglesia y el estado en asociación para conquistar y cristianizar el mundo.

Cuando uno lee la historia de la iglesia, especialmente los primeros 1600 años de la Iglesia, uno ve que los debates teológicos se convierten en cárcel o ejecución para los perdedores. Cuando la Iglesia proclamaba herejes a una persona o a un grupo, la consecuencia era un castigo civil y penal. La Reforma protestante no fue solo una ruptura teológica con la Iglesia romana; también fue una ruptura con el control geopolítico de la Iglesia romana (Thomas 2020, 3–4). Como resultado, los primeros protestantes a menudo tenían que esconderse o huir para salvar sus vidas una vez que criticaban a la Iglesia Católica Romana.

Otra razón para la Reforma protestante fue que muchos estados europeos intentaron liberarse del control de Roma. Al adoptar el protestantismo, pudieron escapar del control político del Papa y los ejércitos de su Iglesia. Un ejemplo fue el rechazo de Enrique VIII e Inglaterra a la Iglesia Católica. Desafortunadamente, muchos de estos nuevos estados protestantes conservaron la estructura de la iglesia y el estado y la usaron para controlar a los nuevos protestantes. Esta presión política fue una de las razones por las que los refugiados religiosos, los Peregrinos, emigraron a las Américas para escapar del control político ejercido sobre su fe religiosa. Mientras uno lee sobre teología y diferentes campos teológicos, tenga en cuenta la realidad geopolítica de la iglesia y el estado. La política y los gobiernos civiles han tenido un impacto significativo en lo que se consideraban creencias cristianas aceptables.

La Iglesia Salva

La teología de la Iglesia Católica Romana del siglo XVI era que la Iglesia Romana era la novia de Cristo y tenía las llaves del Reino. En la mente de la Iglesia Católica Romana, sus sacramentos eran agentes de la gracia. El concepto era que la gracia, la salvación y los sacramentos eran inseparables. Surgió una gran controversia cuando la Iglesia Católica Romana realizó una campaña de recaudación de fondos para construir la Basílica de San Pedro en Roma. La Iglesia Romana usó su comprensión teológica de la gracia y los rituales para promover una estrategia de recaudación de fondos. Martín Lutero, un sacerdote católico romano, expresó su objeción en el artículo 82 de su tesis, la que clavó en la puerta de una iglesia alemana en 1517.

Hay siete sacramentos en la Iglesia Católica Romana, todos los cuales se consideran fuentes de gracia. (Kennedy 1912). Todos estos sacramentos involucran a un sacerdote que realiza un ritual. La idea que se desarrolló fue que había una conexión entre los rituales de la iglesia y la salvación. La gracia salvadora se obtuvo a través de la iglesia, en particular, los sacramentos de la iglesia. Este razonamiento finalmente condujo a una perversión de la gracia. Se desarrolló la idea de que la iglesia podía vender la gracia. Si una persona hacía una donación generosa, se podía comprar la gracia. Era una deducción lógica. Si a la iglesia se le confía el Reino y el Reino funciona por gracia, y si los sacramentos son rituales de gracia, entonces la iglesia puede distribuir la gracia como mejor le parezca, en este caso, a través de sus rituales. En nombre de la recaudación de fondos, se vendió la gracia; los productos vendidos se llamaban *indulgencias*.

Las indulgencias eran certificados que decían que la iglesia había dado gracia al pecador; así se obtuvo la salvación. El concepto de indulgencias está fuertemente relacionado con la gracia de identidad. Comprar la gracia, un certificado de la iglesia, le otorgaba a uno una nueva identidad cristiana. Las indulgencias tenían poco que ver con un cambio de vida. Incluso se vendían indulgencias para los difuntos. Se podía dar gracia salvadora a los muertos, por el precio correcto. Además de recaudar dinero, esta teología también mantuvo a los líderes civiles y religiosos en sumisión a la Iglesia Romana. La excomunión involucraba la remoción de la iglesia y sus rituales y resultó en la pérdida de la identidad de uno como cristiano.

Así, los manifestantes católicos romanos, llamados protestantes, desafiaron a la iglesia y eventualmente se separaron de ella. En muchos casos, los protestantes (Martín Lutero) fueron excomulgados por la Iglesia Católica Romana, perdiendo así su salvación a los ojos de la Iglesia Católica Romana. Pero los protestantes no estaban muy preocupados por la excomunión ya que creían en la gracia basada en la fe. Lutero creía que la Iglesia Católica no podía dar la gracia salvadora a través de los sacramentos, sino solo por la fe.

La conexión de la teología y el poder político en la historia de la Iglesia impactó el desarrollo de la teología. Es difícil imaginar en estos días modernos que la creencia de que la gracia vino por la fe y no por un certificado podría llevar a la cárcel. Así fue el mundo de los pastores, sacerdotes y teólogos durante muchos siglos. Lutero y otros manifestantes se convirtieron en enemigos de la iglesia y el estado porque desafiaron la visión de la Iglesia Católica sobre cómo adquirir la gracia. Los manifestantes proclamaron que la iglesia no podía dar gracia; solo la fe en Cristo puede conducir a la gracia.

La Autodisciplina Salva

Para Pelagio, la salvación es un acto de la voluntad; una persona solo tiene que quererlo. Y si lo quieren, lo pueden lograr. Este concepto no es diferente a las ideas de autodeterminación que vemos a nuestro alrededor. Existe una idea cultural de que, si uno se esfuerza lo suficiente y trabaja lo suficiente, puede lograr cualquier cosa. Esta mentalidad es pelagianismo. Un famoso zapatero lo dice mejor: "¡Simplemente hazlo!" En este marco, todos tenemos la capacidad de hacer cualquier cosa, encontrar a Dios y vivir vidas santas. Debido a esto, los discípulos de Pelagio creían en el ascetismo, la autodisciplina, la abnegación y la moderación. (Haight 1979, 36).

El pelagianismo se encuentra en muchas iglesias, a menudo practicado sin saberlo. La idea es que, si uno cree lo suficiente, con total sinceridad, sin dudar, puede lograr o adquirir lo que imagina. El esfuerzo humano nos lleva a Dios, a la santidad ya la prosperidad. En este caso, la pasión por cambiar se considera un esfuerzo humano, no un regalo de Dios. El incentivo para cambiar no proviene de la libertad y la pasión; viene del motivo de tener éxito siendo enfocado y disciplinado. El punto de vista de Pelagio es que podemos tener éxito por nuestros propios esfuerzos. El trabajo arduo trae cambios, que resultan en rectitud, éxito y reconocimiento. El motivo de las obras es la búsqueda del éxito y la obtención de prestigio. Como se dijo anteriormente, nuestra naturaleza humana siempre está buscando que otros nos honren. El trabajo duro y el éxito son una forma de ganarnos honor.

En aras de la visualización, la idea pelagiana es que una persona entra en Mundo Arcoíris y usa la autodisciplina para bailar. Estos son bailarines de artes marciales. Son aplicados, toman el control de su voluntad y se obligan a bailar. Bailar es un esfuerzo de querer bailar. Piense en esto como una escuela rusa de balé. El alumno debe practicar, sudar, sufrir, ser disciplinado y entonces se convertirá en un buen bailarín. La fama y la fortuna llegan a aquellos que trabajan duro. Por lo tanto, la salvación llega a aquellos que trabajan duro y obtienen reconocimiento y una posición de estatus. En este contexto, la esperanza de éxito es el motivador. Bailamos, pero solo porque queremos pararnos en el escenario y ser reconocidos como extraordinarios. Las obras se basan en la fama. Bailar no se trata de construir una comunidad; se trata de sobresalir y ser reconocido. Nuestra justicia está motivada por el orgullo. Desde esta perspectiva, el éxito confirma el favor y la aceptación de Dios. Los fieles son prósperos y los más fieles son los más prósperos.

Nuestras Dos Naturalezas

Vivir en pecado es vivir sin gracia. El pecado hace lo que hace el pecado: crea placer en el "yo" y causa conflicto, alienación y aislamiento. Esta es nuestra naturaleza humana. Adán y Eva una vez caminaron con Dios en el jardín; después del pecado caminaron solos. Los seres humanos son seres sociales, creados a la imagen de Dios para ser sociales. El resultado del pecado es la soledad. La humanidad, utilizando todo su intelecto y energía humanos, trata de recuperar la comunidad. Un enfoque de la comunidad es ganar aceptación. El cambio puede estar motivado por buscar la aceptación de los demás. Hacemos lo que hace que los demás nos acepten. Bailamos en base a cómo todos esperan que bailemos, con la esperanza de que nos acepten. Sin embargo, Agustín desafió la idea de obligarse a uno mismo a bailar por la recompensa de la aceptación. El baile debe ser natural, o como dijo Tomás de Aquino, sobrenatural.[3] El baile forzado, incluso para la aceptación de los demás, es una falsa gracia. Estamos bailando por la razón equivocada.

Por ejemplo, Adán y Eva vivieron con rectitud. Se deleitaban en vivir con rectitud. Les gustaba bailar; fue agradable. No había necesidad de darles un premio por hacer algo que les encantaba hacer. Su baile no era un intento de ser aceptado. Era lo que eran y producía, como consecuencia, aceptación. Amaban y, fieles al amor genuino, no buscaban obtener algo de aquellos a quienes amaban. No había orgullo ni vergüenza en su relación. Adán y Eva,

---

[3] El dominico español Domingo Báñez, en el siglo XVI, cuestionó la idea de que la pasión de la gracia fuera sobrenatural. Más bien, creía que era natural. Los cristianos vivían una vida virtuosa por gracia, que era su estado original en el Jardín del Edén. Su estado natural era virtuoso (O'Callaghan 2016, 205). Dicho esto, los términos pueden ser diferentes, pero las ideas de Tomás de Aquino y Báñez son similares. Adán y Eva vivieron por gracia, y la gracia produjo y continúa produciendo una vida virtuosa.

antes de la Caída, vivían por gracia. Su danza era genuina porque no era egoísta. La aceptación fue lo que dieron, no lo que esperaban.

Agustín explicó que siempre existía la posibilidad de que Adán y Eva pecaran. La gracia no hizo que Adán y Eva no pudieran pecar; les hizo no desear el pecado. Era su naturaleza ser justos. La gracia les dio la capacidad de evitar el pecado, pero aún podían ser tentados a pecar. (Vanderschaaf 1976, 1–2). Eran virtuosos. Agustín dijo que la gracia era la naturaleza de Dios en Adán y Eva. Amaban y amaban libremente.

Agustín presentó la idea de la "nada". Antes de la creación, no había nada. En ausencia de la gracia de Dios, los seres humanos avanzan hacia el aislamiento y el olvido. Dios no destruye al pecador tanto como el pecador se destruye a sí mismo. Lo hacen por pecaminosidad, lo que aumenta nuestra alienación de Dios y de los demás. Por su propia voluntad, su naturaleza humana, regresan al tiempo anterior a la creación, a un vacío vacío. Tanto Agustín como Aquino creían que Adán y Eva tenían la libertad de dejar de bailar. El pecado, que fue una decisión de Adán y Eva, disminuyó la gracia de Dios y el egoísmo se convirtió en la nueva pasión de la humanidad. La consecuencia, explicó Agustín, fue que la humanidad inició una marcha hacia la nada. "En la medida en que la creación está hecha de la nada, conserva la tendencia inherente a alejarse de Dios a la nada" (Vanderschaaf 1976, 3). La nada no es un vacío cósmico para los humanos; es la soledad, que es la consecuencia del egoísmo. Eso no quiere decir que la persona sola desesperada se contente con estar sola, no, aunque sin cambios y sin virtudes, libra una lucha feudal para ser aceptada.

Adán y Eva, después de la Caída, terminaron con dos cosas: la sombra de la naturaleza divina y la formidable naturaleza humana pecaminosa. Esta fue la advertencia de Dios. Si desobedecían, conocerían el bien y el mal. Conocer el mal es conocer nuestros deseos humanos egoístas y experimentar las consecuencias de esos deseos. Dios conoce el mal, pero Dios no es malo. Los humanos, después de la Caída, descubrieron lo que Dios sabía. El mal conduce a comportamientos que rompen relaciones y resultan en aislamiento. Todos los humanos tienen la sombra de la naturaleza divina y están infectados con una naturaleza pecaminosa. La enfermedad siempre vence a la salud. El pecador inconverso está tan fuertemente sujeto a los lazos de su naturaleza humana que se siente aprisionado y solo.

En el caso de vivir por gracia en el Jardín del Edén, Adán y Eva no quedaron atrapados como prisioneros en la gracia. Adán y Eva siempre tuvieron libre albedrío, antes y después de la Caída. Lo mismo ocurre con sus descendientes. Inicialmente, la naturaleza humana era desinteresada, adoraba a Dios y se honraba unos a otros. En el Jardín del Edén, los humanos eran a la imagen y naturaleza de Dios. Luego vino el pecado, y las pasiones humanas cambiaron. Después del pecado, el pecador era prisionero del egoísmo y el orgullo. Habían conocido la pasión de hacer el bien; ahora conocían el mal. Dios dijo que conocerían el mal; sabrían lo que se siente ser impotente.

Después de la Caída y la fe en Cristo, la gracia entró en guerra contra la pasión por ser egoísta y egocéntrico. A través de la fe en Cristo, un acto de la voluntad, el creyente inicia una lucha contra el pecado. La gracia (deseos de cosas que agradan a Dios) va en guerra con los deseos de la carne (egoísmo y egocentrismo). En un sentido real, la gracia inicia una guerra. Esta fue la advertencia de Dios en el Jardín del Edén: si comes del fruto prohibido, la humanidad vivirá con el conocimiento del bien y del mal (Génesis 3). Los seres humanos están en una guerra de pasiones. Grace va a la guerra con nuestras pasiones humanas egoístas.

Buscar la aceptación de los demás mediante el uso de nuestra autodisciplina, por otro lado, nos pone en una guerra imposible de ganar contra una voluntad involuntaria. El no cristiano está en una batalla desesperada tratando de usar la autodisciplina para luchar contra las pasiones egoístas que lo aprisionan y lo aíslan. La humanidad sabe lo que se siente al ser impotente para cambiar. Conocer la incapacidad de escapar de nuestras pasiones destructivas es conocer el mal. Pablo lo expresa de esta manera: "pero me doy cuenta de que en los miembros de mi cuerpo hay otra ley, que es la ley del pecado. Esta ley lucha contra la ley de mi mente, y me tiene cautivo. ¡Soy un pobre miserable! ¿Quién me librará de este cuerpo mortal?" (Romanos 7:23-24). La gracia, por otro lado, va a la guerra en el mismo terreno en el que el pecado obtuvo la victoria. Cambia el corazón de egoísta a desinteresado. La gracia implanta una nueva pasión, un competidor. Hay dos naturalezas, natural y sobrenatural, y la gracia es la fuerza sobrenatural del cambio.

Responsabilidad Humana: Gracia Dada por Dios a Los Escogidos

Hay dos puntos de vista sobre la responsabilidad de una persona con respecto a recibir la gracia. Un campo sostiene que se da la gracia, y el otro, que la gracia debe ser aceptada.[4] Aunque son la misma experiencia de deleite, los dos lados son diferentes. Primero, veremos la gracia como un poder de Dios que fluye sobre el creyente. Segundo, en la siguiente sección, veremos un punto de vista contrastante de que la gracia llega a la vida del

---

[4] Hay dos características distinguibles de la gracia. Una es la gracia "suficiente", que deja espacio para la respuesta humana. Y la otra es la gracia "eficaz" u "operativa", que realiza en el hombre lo que Dios quiere (O'Callaghan 2016, 201). Los protestantes calvinistas se refieren a la gracia eficaz como gracia irresistible.

creyente en base a algo que hace. En ambos casos, los bailarines bailan.

Agustín creía que Dios toca a algunas personas y que están dotadas de gracia. (Augustine 2010, ch. 43). Aquino (1991, ch. 2, vol. 23:3), armonizando con Agustín, afirmó que la predestinación no quitaba el libre albedrío de una persona. Su explicación fue que cualquier persona podía llegar a la fe, pero no lo haría sin la gracia. La notable intuición de Tomás de Aquino fue que la libertad de elegir y la elección eran simultáneas. Juan Calvino, un estudiante de las ideas agustinianas, tomó las ideas de Agustín y tomó una dirección diferente. Su énfasis no estaba en el libre albedrío, sino en la soberanía de Dios. Dios elige a algunos para la salvación, pero no a todos. El tema ya no es el libre albedrío, sino el acto soberano de selección de Dios. Dios tiene el control total, y los humanos no controlan nada. La gracia se da a los que Dios selecciona; una vez seleccionados, sus pasiones se inclinan hacia agradar a Dios.

Agustín y Aquino enfatizaron la importancia del libre albedrío. Como explicó Tomás de Aquino, la selección y la rendición son un evento simultáneo. Sin embargo, Agustín, Tomás de Aquino e incluso Calvino entendieron la gracia como una explosión de nuevos deseos y habilidades piadosos que disminuyeron los deseos y las malas acciones naturales e inculcaron el deleite en la piedad.

Agustín y los que lo siguieron, incluidos Tomás de Aquino, Jansen y Calvino, tenían bastante claro quién recibiría la gracia. Dios seleccionó a aquellos a quienes Dios les dio gracia. Tomás de Aquino, reflejando a Agustín, explica que no hay nada que haya hecho el pecador para merecer la gracia. Al mismo tiempo, Tomás de Aquino explica que el pecador tiene el libre albedrío para renunciar al pecado. Tomás de Aquino entiende el libre albedrío y la soberanía de Dios como las ruedas de una bicicleta: a menos que haya dos, la bicicleta no funciona. Dios permite que el pecador haga lo que quiere hacer. Por lo tanto, su reprobación no es culpa de Dios; es culpa del pecador. Tomás de Aquino está tratando de proteger la reputación de Dios. Dios no tiene la culpa del pecado de la humanidad. Al centrarse en el libre albedrío humano, la humanidad se vuelve responsable de sus pecados. Aquino (1991, ch. 2, vol. 23:1-4) dice: "El réprobo como tal no puede adquirir la gracia, sino que por su propia voluntad cae en tal o cual pecado y eso puede llamarse con razón su culpa".

En el caso de Mundo Arcoíris y el concepto de Aquino, una persona decide ingresar a Mundo Arcoíris y, en ese preciso momento, es seleccionada por Dios. La persona elige unirse y en ese momento se le infunde una pasión y la capacidad de bailar. Al hacer los dos eventos simultáneos, Tomás de Aquino protege la idea de la gracia como una fuerza cambiante que podemos activar mediante el arrepentimiento. Al combinar el libre albedrío y la selección de Dios como un evento singular, Dios no es el autor del pecado. Más bien, somos libres para arrepentirnos y experimentar la gracia, y Dios tiene el control total.

Responsabilidad Humana: Gracia Ofrecida por Dios y Aceptada

Ahora al otro lado de la moneda de la gracia. No todos los católicos romanos o protestantes creían que Dios impuso la gracia a un grupo seleccionado. En cambio, algunos promovieron la idea de que la gracia estaba universalmente disponible para todas las personas y solo debía ser aceptada.

Uno de los contemporáneos del reformador protestante Martín Lutero fue un sacerdote holandés, Erasmo de Rotterdam. Erasmo simpatizaba con muchas de las preocupaciones de la reforma protestante, pero permaneció en la Iglesia Católica

Romana. Estuvo de acuerdo con muchas de las ideas de Lutero, pero tenía una visión diferente acerca de la gracia. Erasmo creía en una especie de asociación entre la humanidad y Dios. En aras de la ilustración, digamos que la humanidad vive en la oscuridad porque los humanos cierran los ojos y eligen vivir en la oscuridad. Dios ilumina el mundo. La gracia y la justicia son la luz que baña al pecador ciego. Sin embargo, el pecador debe asociarse con Dios y abrir los ojos. La parte del pecador es simplemente abrir los ojos. Así, dice Erasmo, el pecador tiene libre albedrío y puede optar por aceptar la gracia de Dios. Dios ha hecho casi todo, pero el pecador solo tiene que abrir los ojos y llenarse de luz (Cheah 1995).

Erasmo no era pelagianista, porque creía que la gracia de Dios empoderaba la transformación, no el esfuerzo humano. Erasmo creía que el pecador tenía control sobre su destino. El pecador podía arrepentirse, profesar fe en Cristo y recibir la gracia de Dios. El pecador no fue incapaz de abrir los ojos para ver. Lutero, como Calvino, creía que el pecador no tenía esperanza ni poder para hacer nada para traer la gracia a su vida. Dios tenía que hacer todo, y Dios seleccionó a algunos para recibir la gracia y a otros no. En contraste, Erasmo miró a 1 Corintios 3:9-10 para explicar la asociación: "En efecto, nosotros somos colaboradores al servicio de Dios; y ustedes son el campo de cultivo de Dios, son el edificio de Dios. Según la gracia que Dios me ha dado, yo, como maestro constructor, eché los cimientos, y otro construye sobre ellos. Pero cada uno tenga cuidado de cómo construye". El griego usa la palabra *synergoi* para "colaboradores". La palabra en español *sinergia* se deriva de esta palabra griega.

La idea de Erasmo era similar a la de la Iglesia Ortodoxa Oriental. Los ortodoxos promueven la idea de "sinergia" (compañeros de trabajo), es decir, que Dios y la humanidad pueden ser socios. La comprensión ortodoxa oriental del sinergismo establece que "los seres humanos siempre tienen la libertad de elegir, en sus voluntades (gnómicas) personales, si caminar con Dios o alejarse de Él", pero "lo que Dios hace es incomparablemente más importante que lo que hacemos los humanos" (Payton 2007, 151). Dios hace la parte de Dios, lo cual es significativo, pero los humanos deben hacer su pequeña parte. El pecador tiene la capacidad de abrir los ojos, y entonces Dios inunda sus corazones con gracia.

Juan Wesley fue el protestante que llevó esta idea a las masas. Wesley no era ni calvinista ni predestinatario. Enseñó que había tres aspectos de la gracia. Creía que la gracia de Dios era preveniente. Es decir, hay una ligera "intimación" de Dios en todos los humanos. En toda la creación se encuentra la gracia de Dios. En el alma de todos los humanos hay una atracción o un interés por Dios. Agustín estuvo de acuerdo con esta idea. Wesley explicó que esta gracia introductoria lo preparaba a uno para la salvación. Cuando uno escucha el mensaje del evangelio, él o ella se despierta a su pecaminosidad. Se vuelven conscientes de sus comportamientos egoístas y vergonzosos. El pecador luego compara su vida con la ley moral de Dios, que es un sentido general del bien y del mal. (Knight 2018, 51).

La gracia preveniente es un tipo de gracia dada a todos, y su propósito es llamar a toda la humanidad al arrepentimiento. Esta gracia es universal, lo que significa que hay una insatisfacción que todos los humanos tienen con sus vidas. Algo no va bien, y todo el mundo lo sabe. La gracia preveniente es una curiosidad dada por Dios o el deseo de cambiar y saber más acerca de Dios. Este concepto es consistente con la idea de la gracia de Erasmo: Dios prepara a toda la humanidad para ver, pero cada uno debe abrir sus propios ojos.

El segundo aspecto de la gracia para Wesley fue la gracia salvadora. Este acto de gracia viene del arrepentimiento y del perdón de Dios. Wesley no pensaba como los de avivamiento, lo que implicaba simplemente un llamado al altar y una conversión instantánea. Vio el arrepentimiento como un proceso que requería tiempo y discipulado. Para Westley, la conversión toma más tiempo para algunos que para otros, y la gracia crece en el corazón a diferentes velocidades en diferentes personas. (Knight 2018, 53). Él creía que eventualmente la gracia tomaría el control de la voluntad, produciendo la salvación. En algún momento la gracia crece a un nivel en el que uno cambia y quiere vivir para Cristo.

El tercer aspecto de la gracia de Wesley fue la gracia santificante. Dios quiere que seamos como Cristo, y Dios nos da el poder de cambiar a la imagen de Cristo. La idea de Wesley era que la gracia cambiaba el corazón de uno. La gracia resultó en cambiar la vida de uno, un proceso continuo llamado santificación (Carder 2016).

Wesley creía que una persona, después de recibir la gracia, podía resistir a Dios y perder la gracia de Dios. En otras palabras, volverían a la experiencia de la gracia preveniente, pero no de la gracia justificante o santificante. Este entendimiento significaba que la fe y la salvación de una persona podrían perderse sin una vida santa y cambiada. En la teología de la gracia de Wesley, la gracia santificante (vivir una vida santa) afirma la salvación de uno. Obviamente, esta perspectiva produjo un desafío. ¿Cuán santo tiene que ser uno para ser lo suficientemente santo? Se esperaba que los seguidores de Wesley no hicieran el mal y hicieran el bien. Debían demostrar su conversión a través de actos de piedad. (Carder 2016). Gracia, para Wesley, es como un lago que se llena de agua. En algún momento, el agua se eleva lo suficiente en el lago para generar energía en una presa. Pero si el agua baja, la fuerza se detiene.

En el caso de la teología de Wesley, todos tienen conciencia de sí mismos. Su nivel de interés en Dios es su decisión. Una vez que una persona expresa su fe en Cristo, Dios le da pasión por el baile. Bailan, y afirma su fe en Cristo. Pero si pierden el interés por bailar, han perdido la fe. Pueden salir de Mundo Arcoíris y no bailar más y, en consecuencia, ya no son bailarines.

Curiosamente, a principios del siglo XIX, a la sombra del Segundo Gran Despertar, un grupo de presbiterianos en los EE. UU. combinó las ideas de Calvino y Wesley para formar un término medio. Estos pastores presbiterianos fueron participantes en las reuniones campestres de evangelización y vieron a miles profesar la fe en Cristo. Como resultado, ajustaron su teología para ajustarse a su realidad. Estos pastores presbiterianos eran miembros del Presbiterio Cumberland en Kentucky. La Iglesia Presbiteriana se sintió cada vez más incómoda con los de avivamiento e insistió en que sus pastores se abstuvieran de participar en las reuniones campestres. Las reuniones campestres fueron emotivas y controvertidas. Estos ministros del Presbiterio Cumberland se negaron a renunciar al Gran Despertar. Su participación continua resultó en la formación de presbiterianos no predestinarios, llamados Iglesia Presbiteriana Cumberland.

Los presbiterianos Cumberland eran defensores de una nueva teología media, una teología de "quien quiera" ("Confesión de Fe y Govierno para los Presbiterianos Cumberland" 1984, iii). Su teología era similar a la de Erasmo y el sinergista ortodoxo. Erasmo también se caracterizó por promover una teología media (Cheah 1995). Sin embargo, los Cumberland no llegaron tan lejos como Wesley. De acuerdo con los de avivamiento, la salvación y la gracia sucedieron en un momento en el tiempo, por ejemplo, un llamado al altar. Una vez que uno llegaba a Cristo, los Cumberland creían que su salvación estaba asegurada. No se podía perder. Los Cumberland creían que, a través del arrepentimiento, Dios otorgaba la gracia, y la gracia otorgada pertenecía a Dios. Desde el punto de vista Cumberland, el creyente no podía regalar lo que no era suyo. De acuerdo con Erasmo, los Cumberland creían que el pecador abría los ojos (el arrepentimiento es un acto de la voluntad), recibía luz (un acto de Dios) y nunca más conocía la ceguera (Dios preserva al creyente) ("Confesión de Fe y Gobierno para los Presbiterianos Cumberland" 1984, 10).

Gracia a Través de los Sacramentos

Agustín creía que el bautismo otorgaba gracia a los niños al eliminar el pecado original y a los adultos al eliminar el pecado original y los pecados que habían cometido. (G. R. Lewis and Demarest 1996, bk. 3, pg. 74). Conectó los sacramentos con la gracia. Aquino (1991, ch. 15, vol. 62:1) creía claramente que los sacramentos eran una fuente de gracia y podían ayudar a los cristianos a ser mejores personas, es decir, a cambiar. Aquino (1991, ch. 15, vol. 61:2) también creía que la gracia le permitía al cristiano compartir la semejanza (identidad) de Dios, y los sacramentos eran una forma visible de identificarse con Cristo. Aquino (1991, ch. 15, vol. 69:2) dijo: "El bautismo tiene el poder de eliminar incluso los defectos heredados de nuestra vida presente, pero ese poder no tiene efecto en la vida presente, sino solo cuando los hombres justos resucitan". En una sección anterior de este capítulo, expliqué el abuso de los sacramentos por parte de la Iglesia Católica. Sin embargo, las ideas presentes antes de la perversión de las indulgencias son dignas de estudio. Para Tomás de Aquino, el bautismo no era impecabilidad; el bautismo transmitió nuestra nueva identidad y esperanza futura. De hecho, en el bautismo, era común seleccionar un nuevo nombre de pila, una nueva identidad. En el caso de los infantes, se les nombraba, es decir, se les daba una identidad cristiana, en su bautismo. Tomás de Aquino explicó que los sacramentos hacen dos cosas con respecto a la gracia. Primero, quitan los castigos,

que fueron el resultado de nuestros pecados, y somos hechos justos (una nueva identidad). Y segundo, le dieron a uno la fuerza para vivir una vida cristiana (a través de una fuerza interior)(1991, ch. 15, vol. 61:5). Aquino (1991, ch. 15 vol. 65:1) declaró que la iglesia tiene siete sacramentos destinados a dar a la humanidad la disposición para adorar a Dios y "remediar los efectos del pecado". Los sacramentos fueron una fuerza de cambio.
Además de la capacidad del sacramento para cambiarnos, Agustín y Aquino entendieron que su iglesia era la única iglesia. La Iglesia Católica Romana, a lo largo de la historia, ha explicado que la salvación viene de la iglesia. El padre de la iglesia primitiva Orígenes declaró: "Fuera de la Iglesia nadie se salvará" (Hardon 1981, 234). Tanto Agustín como Santo Tomás de Aquino creían que podía haber circunstancias extraordinarias en las que una persona podía salvarse fuera de la iglesia, pero en general, la salvación era el papel de la iglesia. (Hardon 1981, 235).

Como explica el Catecismo Católico, la incorporación a la Iglesia es por los sacramentos de la Iglesia (Hardon 1981, 236). Este concepto se convirtió en un punto crítico para los protestantes. La salvación, decían los manifestantes, estaba separada de la Iglesia y sus sacramentos. Los protestantes se referían a los rituales de la Iglesia Católica Romana y sus sacramentos, incluidas las indulgencias, como "obras".

Mire los sacramentos de esta manera: si uno quería unirse a Mundo Arcoíris, había un proceso de iniciación. Ese proceso, dijo la Iglesia Católica, involucró el ritual del Bautismo. Solo había un lugar para obtener un boleto para ingresar a Mundo Arcoíris, y era por bautismo en la Iglesia Católica. Una vez en Mundo Arcoíris, si uno quisiera bailar mejor, entonces los rituales de la Iglesia proporcionarían la pasión y las habilidades para ser un mejor bailarín. Como se señaló en el capítulo anterior, ese concepto hizo que algunos en la iglesia "cobraran" dinero para ingresar a Mundo

Arcoíris. Ese error creó una fractura que condujo al nacimiento de las iglesias protestantes y a un nuevo examen de la gracia.

Martín Lutero estuvo cerca de Agustín y Tomás de Aquino en cuanto a los sacramentos. En su opinión, los sacramentos tenían poder en el sentido de que podían santificar, pero no salvar. En la mente de Lutero, la fe combinada con los sacramentos producía la gracia. Juan Calvino también estaba en línea con Agustín, Tomás de Aquino y Lutero. Calvino creía que la salvación era consecuencia de la fe, de acuerdo con Lutero. En otras palabras, ni Lutero ni Calvino pensaron que el agua, el pan o el vino en manos de la Iglesia producían la salvación. Sin embargo, Lutero y Calvino creían que la fe en Cristo y la Cena del Señor provocarían una interacción espiritual que produciría un cambio. Curiosamente, Calvino se centró en el aspecto comunitario de la Cena del Señor. La comunión estaba destinada a producir amor mutuo entre los cristianos e inspirar gratitud y adoración a Dios. Los protestantes comenzaron a usar la palabra comunión, o Sagrada Comunión, en lugar de la palabra "Eucaristía". Como resultado, creía Calvino, la Cena del Señor debería tomarse cada semana. El cambio fue de sacramentos que salvan a sacramentos que estimulan una comunidad amorosa.

Otro punto de vista de los protestantes fue de un hombre llamado Ulrich Zwingli, un protestante suizo. Él planteó que los sacramentos eran sólo simbólicos. Esta comprensión simbólica de los sacramentos es ampliamente sostenida por los protestantes de hoy. Zwingli creía que los sacramentos no tenían poder para cambiar a los creyentes. Eran una lección de objetos visuales. Los sacramentos no aumentaron el deseo de uno de ser piadoso.

Tenga en cuenta que Agustín y Tomás de Aquino creían que Dios elige a los bailarines y los sacramentos son parte de su elección. La salvación, la elección, el libre albedrío y la recepción de los sacramentos son todos simultáneos. El énfasis en la simultaneidad protegió el libre albedrío y la soberanía de Dios, y también protegió a Dios de ser culpado por el pecado de la humanidad. En cuanto a vivir con rectitud, al tomar los sacramentos, uno se vuelve más justo. Para algunos teólogos, incluso protestantes, hay poder en los sacramentos. Una vez que comenzamos a bailar, los sacramentos nos ayudan a bailar mejor. Así, los sacramentos se entienden como una fuente de cambio.

Para Lutero y Calvino (G. R. Lewis and Demarest 1996, bk. 3, pp. 247–52), la fe (que Dios da a algunos) estaba primero, y los sacramentos (el bautismo y la Cena del Señor) eran parte del caminar del cristiano. Eran una fuente de crecimiento cristiano. Lutero y Calvino creían que los sacramentos tenían el poder de cambiar a una persona para mejor. La iglesia era una comunidad que se relacionaba mejor con Dios y entre ellos por los sacramentos. Dios regala fe y gracia, y bailamos. Una vez que empezamos a bailar, los sacramentos nos ayudan a bailar mejor.

La Salvación Definida por la Experiencia Humana con la Gracia

A medida que las personas cuentan su experiencia con la salvación, definen la gracia. La experiencia de uno con Dios, cuando se cuenta, revela la fuerza de la gracia. Como se señaló anteriormente, uno ve un patrón común si mira a estos teólogos desde una perspectiva puramente experiencial. Todos están tratando de explicar su experiencia. Agustín describió la experiencia de la salvación como una experiencia de gracia. El denominador común de los cristianos al contar sus historias fue que fueron cambiados.

El cambio auténtico es el querer (voluntad) y la capacidad de ser diferentes de lo que somos. La diversidad de ideas en torno a la gracia resultó de diferentes cristianos tratando de responder a las preguntas que suscitó esta experiencia. El problema real para estos primeros teólogos, tanto católicos como protestantes, era la adquisición de la gracia y el manejo de la gracia. Todos sabían por experiencia que la gracia era poderosa y transformadora, y todos estaban tratando de averiguarlo. Sus explicaciones teológicas eran como un físico que hace declaraciones sobre la gravedad con la esperanza de que su experiencia diaria con la gravedad les ayude a comprenderla y utilizarla mejor.

El punto crítico es que todas estas preguntas se centran en una cosa, que es tratar de comprender una experiencia de conversión transformadora. Si podemos ver la experiencia como nuestro punto de partida, entonces podríamos comprender mejor esta pasión por el cambio. Las siguientes son las breves historias de cambio de varios mencionados en este libro que estudiaron la gracia.

La juventud de Agustín se caracterizó por ser indisciplinada. Su madre era cristiana; su padre, un exitoso romano no cristiano (que luego se convirtió al cristianismo). Agustín recibió una gran educación para hablar en público. Agustín vivía con su novia, una relación iniciada en su adolescencia. Caracterizó su juventud como inmoral y exploró ideas religiosas para traer paz a sus ansiedades sobre el pecado y Dios. Como joven profesor de oratoria en Milán, asistió a la predicación del obispo de Milán, Aurelio Ambrosio. Ambrose era conocido por su elocuente estilo de hablar. Uno de los sermones de Ambrosio impactó a Agustín. No mucho después de escuchar el sermón, Agustín se ofreció a cuidar la casa de un amigo. La historia registra que él y su amigo estaban en el jardín de la casa. Agustín escribe cómo estaba muy angustiado por su vida. Estaba frustrado, emocional y perplejo acerca de Dios. Escuchó a un niño cantar una canción que interpretó como el mensaje de Dios para abrir la Biblia y leerla. Abrió la Biblia en Romanos 13:13-14. Estos versículos se enfocaban explícitamente en las juergas, la embriaguez, la inmoralidad sexual, las peleas y los celos. Agustín se vio a sí mismo en esos versos. Entonces Pablo, en los versículos de Romanos, instruyó a aquellos a los que se dirigía a vestirse de Jesucristo y negar su carne. Agustín, que había estado viviendo una vida de decadencia, pensó que Dios le estaba hablando. Agustín explicó que sintió que su corazón se había inundado de luz. Dio un giro a su vida y fue bautizado en el año 387 DC. Más tarde señaló que hasta que su corazón no encontró a Cristo, no había conocido la paz.

La conversión de Tomás de Aquino no fue tan dramática como la conversación de Agustín, pero su resiliencia habla profundamente de su compromiso. Tomás de Aquino era hijo de influyentes padres italianos. Lo enviaron a la escuela, anticipando que sería educado y se convertiría en un funcionario de la iglesia. Mientras estudiaba en la adolescencia en Nápoles, fue influenciado por la enseñanza de un maestro dominico que enfatizaba la vida monástica, el estudio y la predicación. Los dominicanos también mantuvieron altos estándares morales. Tomás de Aquino decidió que quería ser monje dominico. Su familia reaccionó a su decisión de ser monje encerrándolo en un castillo durante más de un año, con la esperanza de que lo reconsiderara. No lo hizo y se mudó a París para estudiar teología con los dominicos. Se convirtió en uno de los grandes teólogos del cristianismo. Fue alumno y luego profesor de teología agustiniana.

Poco se sabe de Pelagio. Probablemente era de Irlanda o Inglaterra, aunque vivió en Roma durante muchos años. Quienes lo conocieron, incluso sus adversarios, dijeron que era muy culto y muy versado en teología. Pelagio nunca fue ordenado sacerdote. Fue monje y vivió una vida austera como laico. Agustín, que estaba en total desacuerdo con Pelagio, lo llamó un "hombre santo".

Juan Calvino no compartió su historia de conversión, pero sí se refirió a hacer un cambio en su vida. Calvino fue el último de cuatro hijos. Su padre tuvo el éxito suficiente para enviarlo a París para que se educara. El plan inicial era que Calvino sería sacerdote. Más tarde, su padre decidió que debería ser abogado. Juan Calvino estudió derecho y se licenció como abogado. Continuó sus estudios de religión y se interesó particularmente por la teología agustiniana. Informó que, en algún momento, se sintió insatisfecho con la Iglesia Católica Romana. En medio de su desilusión, informó que "este mero saboreo de la verdadera piedad que recibí me encendió con tal deseo de progresar que proseguí el resto de mis estudios [católicos romanos] con más frialdad, aunque no los abandoné por completo."(Bouwsma 1988, 10). Hubo quejas en París sobre la Iglesia Católica Romana y la necesidad de reformas. Calvino fue implicado como simpatizante del movimiento de reforma y, como resultado, tuvo que huir de París. Eventualmente, Calvino se unió a este grupo de manifestantes insatisfechos. Se convirtió en un líder de la teología reformada protestante y desarrolló la base teológica y política del presbiterianismo.

Martín Lutero fue un sacerdote alemán, maestro y estudiante de teología agustiniana. Era hijo de trabajadores comunes. Su padre lo envió a la escuela para ser abogado. Lutero terminó su educación en la menor cantidad de tiempo que un estudiante podría graduarse; él era brillante. Cuando tenía veintiún años, viajaba en medio de una tormenta eléctrica cuando un rayo cayó cerca de él, lo que provocó un despertar espiritual. Se entregó al ministerio e inició estudios para ser sacerdote y monje. Lutero era un monje muy devoto, ayunaba, oraba, estudiaba y demostraba prácticas estéticas de abnegación y sufrimiento autoimpuesto. Sus estudios conducen a un doctorado y una cátedra. Mientras enseñaba el libro de Romanos del Nuevo Testamento, se dio cuenta de que todos sus esfuerzos por agradar a Dios eran en vano. Lo que Dios requería era fe, solo fe en Cristo. Pocos años después de esta nueva realización, representantes de la Iglesia Católica Romana llegaron donde vivía Lutero y comenzaron a vender indulgencias. Esta acción provocó la protesta de Lutero, quien publicó sus objeciones, que compartió con otros. Desde el despertar relámpago de Lutero hasta sus estudios sobre Romanos, Lutero demostró una intensa pasión por el sufrimiento y el trabajo por la causa de Cristo.

Juan Wesley era de Inglaterra e hijo de padres cristianos devotos. Juan Wesley obtuvo una maestría y luego se convirtió en maestro. Fue ordenado sacerdote anglicano. Wesley se tomó un descanso de la enseñanza para dedicarse a un compromiso más profundo con Cristo. Practicó formas ascéticas de espiritualidad. Wesley volvió al pastorado y unió fuerzas con su hermano Carlos, quien también era sacerdote. Su hermano había iniciado grupos de discipulado dentro de la iglesia que enfatizaban un mayor compromiso. Juan dirigió un grupo, usando muchas de las prácticas ascéticas que había estado usando, y el grupo que dirigía creció. Este grupo fue mirado con recelo por otros, y fueron considerados fanáticos. Juan luego hizo un viaje a las colonias americanas. Se le pidió que pastoreara una iglesia en Georgia. Varios problemas en Georgia complicaron el tiempo de Wesley en Georgia, por lo que renunció a su cargo y regresó a Inglaterra decepcionado. Wesley asistió a un servicio de Moravia y, mientras estaba en el servicio, tuvo un despertar espiritual. Más tarde interpretó la experiencia como una experiencia de conversión. Como resultado de su experiencia, comenzó a predicar la idea de Lutero de profesar la fe en Cristo como medio de salvación. Wesley practicó el evangelismo que se enfocaba en profesar la fe y formaba pequeños grupos de discipulado que enfatizaban el compromiso personal. Estos grupos crecieron y con el tiempo resultaron en el desarrollo de la Iglesia Metodista.

Billy Graham, evangelista y predicador de avivamiento del siglo XX, es representante de muchos evangélicos. Habla de su conversión, y de la conversión en general, como una relación personal con Jesucristo. Comprometió su vida a una persona, y esa persona era Jesucristo. Su despertar espiritual y compromiso con Cristo tuvo lugar en una reunión de avivamiento cuando era un adolescente. Con respecto a su conversión, Graham explicó: "Pasaría algún tiempo antes de que entendiera lo que me sucedió lo suficientemente bien como para explicárselo a cualquier otra persona. Sin embargo, había señales de que mi forma de pensar y mi dirección habían cambiado, que estaba verdaderamente convertido. Para mi propia sorpresa, las actividades de la iglesia que antes me aburrían me parecieron interesantes de repente". Continuó: "De hecho, quería ir a la iglesia con la mayor frecuencia posible".(Graham 1997, 31). Graham habló de un nuevo interés en la Biblia y en la oración. Su fe era íntima, apasionada y personal.

Uno podría preguntarse: "¿Cómo se tiene una 'relación' con Jesucristo, una persona que caminó sobre la tierra hace más de 2000 años?" La naturaleza misma de la gracia es que la gracia es una experiencia personal. La voluntad de uno se convierte en la voluntad de Dios. Uno puede sentir el cambio que se está produciendo. El sentimiento de gracia es de libertad, no de obligación. La gracia crea un deseo de cambiar, como el hambre de una comida favorita. Es un sentimiento de libertad y un sentido de la presencia de Dios en nuestros corazones. Es personal, real y poderoso. La gracia está más allá de la formación o invención humana, a veces incluso más allá de la capacidad humana para describirla. La gracia nos está formando; no lo estamos inventando. La gracia es nuestro encuentro con Dios. En el caso de la salvación, es nuestro primer encuentro.

La Chispa Que Inicia el Cambio

El relato de Pablo en el camino a Damasco y las historias anteriores muestran algunos patrones comunes relacionados con la gracia. En cada caso, hubo un despertar. El padre de la psicología, el Dr. William James (2011, 165), profesor de Harvard, escribió un libro sobre la experiencia religiosa. En su investigación, que se podría caracterizar como un estudio cualitativo del comportamiento religioso humano, examinó la experiencia de conversión. Señaló que a veces sucede algo en la mente de una persona y lo que alguna vez fueron ideas menores toman un lugar central y se convierten en una fuente de *energía*. Lo llamó el lugar caliente de su conciencia, un centro de energía personal.

Como científico y psicólogo, el Dr. James creía que esta energía llegaba como resultado de la rendición. Una persona, posiblemente debido a una crisis de vida, o porque estaba frustrada porque su vida estaba lejos de ser ideal, se dio por vencida. Dijo que se relajaron en la impotencia. Este acto de ceder explicó, permitió que surgiera una nueva fuerza y abriera su mente a ideas que alguna vez fueron menores, y así se entusiasmó con esas ideas. (James 2011, 174–76).

Los ejemplos anteriores hacen referencia a un momento de quebrantamiento, que resultó en una avalancha de nueva energía. El Dr. James (2011, 193) creía que el momento de la rendición permitía que la mente subconsciente se abriera paso y floreciera en un estallido de madurez. Luego observó que este florecimiento de la madurez tomó la forma de santidad. Esta energía produjo emociones y pasión, lo que impulsó la piedad. La mente y la vida de uno se abrieron a la realidad de un Dios personal; uno se volvió dispuesto a entregar el control a Dios, el amor, la unidad y el desinterés (James 2011, 223). Esta emoción es lo que los líderes cristianos antes mencionados llamaron gracia. Incluso el científico William James se refirió a este fenómeno psicológico como una fuerza de "gracia".

El punto de partida para el cambio es el quebrantamiento. James (2011, 177) señaló que incluso si una persona trata de vivir una vida mejor, sentirse mejor o dejar de hacer lo que lo deja insatisfecho, el esfuerzo es en vano. El esfuerzo por creer y cambiar solo deja a uno sintiéndose desesperanzado, no mejor. Como resultado, la única forma de encontrar alivio es rendirse. James (2011, 147) explicó que este momento de entrega puede ser repentino para algunas personas, y para otras, puede ser gradual. Independientemente del ritmo con el que la gracia llega a la vida de una persona, James creía que la entrada de la gracia era por entrega, y que la gracia era una fuerza externa que traía nueva energía.

Las cartas de Santiago y de Primera de Pedro proporcionan una base para la chispa que inicia el cambio. "Pero él nos da mayor ayuda con su gracia. Por eso dice la Escritura: «Dios se opone a los orgullosos, pero da gracia a los humildes»" (James 4:6-7). Pedro dice lo mismo: "Así mismo, jóvenes, sométanse a los ancianos. Revístanse todos de humildad en su trato mutuo, porque «Dios se opone a los orgullosos, pero da gracia a los humildes». Humíllense, pues, bajo la poderosa mano de Dios, para que él los exalte a su debido tiempo" (1 Pedro 5:5-6). La humildad es el acto de ceder, rendirse, darse por vencido y relajarse. El Dr. William James creía que la rendición liberaba la mente subconsciente, lo que le daba nuevos valores y dirección a la vida. Los líderes cristianos creían que la rendición producía gracia, una fuerza del Espíritu Santo que transformaba a una persona. Una vez más, se puede debatir si la fuerza es un poder sobrenatural (intervención divina) o una conciencia humana oculta (realización psicológica), pero ambos coinciden en que proviene del quebrantamiento emocional. La chispa de la humildad produce un torrente de cambio.

El Dr. James, como atestiguan muchos de los testimonios de conversión anteriores, habló de una crisis o frustración con la vida como la chispa que provocó la rendición. Esta crisis produjo una chispa de humildad, que condujo a una experiencia de renovación. (En el Capítulo 6, hablaremos de otra respuesta a las dificultades de la vida que produce lo opuesto a la gracia).

Las escrituras también muestran otro evento que puede causar humildad. Un milagro o un evento extraordinario puede tener un profundo impacto en una persona. En Lucas 5, Jesús estaba predicando desde la barca de un pescador a una multitud en las orillas de Galilea. Él y el pescador se alejaron de la orilla, y Jesús habló a la multitud en la orilla del río. Instruyó al pescador a bajar sus redes. Su captura de peces fue tan grande que dañó sus redes. Pedro, que era uno de los pescadores, respondió: "Soy un hombre pecador". Pedro, Santiago y Juan, que estaban en la barca y experimentaron el milagro, se convirtieron en seguidores de Jesús. Por alguna razón, este evento milagroso tuvo el mismo efecto que una crisis: humilló a los pescadores y se rindieron. Cambiaron su dirección en la vida, de pescadores a ser pescadores de hombres. Algunas personas experimentan algo tan extraordinario que se sienten profundamente humilladas.

En el contexto de la conversión gradual, hay otra experiencia que muchos cristianos confirman. Algunos cristianos siempre se han sentido convertidos, sin saber nunca cuándo no se convirtieron. Los miembros de familias cristianas a menudo comparten este tipo de testimonio de fe. Ruth Graham, la esposa del famoso evangelista estadounidense Billy Graham, comentó que fue criada por padres misioneros presbiterianos y nunca conoció un momento en el que no tuviera fe en Cristo. Sin embargo, todas las personas de esta categoría hablan de momentos de crisis y frustración en su vida. Incluso aquellos que siempre han estado rodeados de fe cristiana y siempre han profesado la fe, tienen momentos de entrega y renovación. Estos momentos los hicieron sentir más cerca de Dios y les dieron mayor motivación para servir a Dios.

La conversión, su definición clásica, es un cambio de dirección que no es forzado ni coaccionado. Los convertidos cambian voluntariamente de dirección. Como hemos visto en explicaciones anteriores, el placer que se encuentra en hacer lo que uno quiere, que lo lleva a uno en una nueva dirección, es la fuerza de la gracia de Dios. La gracia se desencadena por una crisis, la frustración con el statu quo o un evento milagroso. Todas estas experiencias son humillantes. La gracia se enciende con la humildad y la entrega. Como implica el científico William James, desde una perspectiva psicológica, uno primero debe estar vacío antes de llenarse. Pablo afirma esta idea en 2 Corintios 12:9. En la conversación de Pablo con Dios, Dios dijo: "Te basta con mi gracia, pues mi poder se perfecciona en la debilidad". El análisis de Pablo fue: "Por lo tanto, gustosamente hare más bien alarde de mis debilidades, para que permanezca sobre mí el poder de Cristo."

⌘

El siguiente capítulo analiza la gracia como una fuerza dinámica de cambio que se construye sobre sí misma como una bola de nieve que rueda cuesta abajo. La gracia no es una experiencia única; es un proceso continuo de cambio que transforma nuestras vidas. El próximo capítulo explora cómo zarpar nuestras velas y remontar los vientos de la gracia.

6. Santificación: La Motivación para Bailar Bien

La gracia produjo obras que produjeron más gracia y más obras.

La gracia de Dios es una chispa que inicia un proceso. El proceso es la santificación. De gracia a gracia, es decir, la gracia que inicia la salvación es la misma gracia que sostiene la salvación. El capítulo 2 explicó que la gracia tiene dos partes: el lado real y el lado santificador. La gracia actual es el don de Dios del entusiasmo por la piedad; esto es salvación. Es Dios otorgando nuestra nueva naturaleza, nuestro nuevo corazón, uno que desea a Dios. El lado santificador de la gracia se enfoca en los hábitos o virtudes que uno desarrolla como resultado de la gracia. Uno tiene el apetito por la gracia de vivir una rutina sagrada. La pasión que tienen los cristianos de adorar a Dios y seguir a Cristo como Señor es la misma pasión que promueve nuevas actitudes y un nuevo estilo de vida. Roger Haight (1979, 154) explica que la espiritualidad es el foco central de la gracia. La espiritualidad es entusiasmo por hábitos y disciplinas que permitan caminar y hablar como Cristo caminó y habló. ¿Por qué es eso importante? Porque Jesús era miembro de la comunidad perfecta. Podemos desarrollar una comunidad siguiendo las pasiones de la gracia. Nos permiten pensar y vivir como lo hizo Jesús y relacionarnos con los demás como Jesús se relacionó con su Padre.

Por gracia, uno quiere estar en Mundo Arcoíris. La persona convertida quiere unirse al baile. Una vez en Mundo Arcoíris, uno quiere aprender a bailar. El creyente está entusiasmado por aprender a bailar bien. La gracia es como comer helado en una heladería. Primero está el deseo de comer helado, que lo lleva a uno a la puerta de la heladería. El segundo es seleccionar el helado y los ingredientes y luego comer el helado. Los dos van juntos, pero son experiencias diferentes. La pasión que tenemos por bailar lleva a la pasión por aprender a bailar. La gracia nos da entusiasmo por nuevos hábitos virtuosos.

La Gracia Fluye de la Humildad

Los antiguos griegos entendían negativamente la humildad como un estatus de clase baja, que implicaba un bajo intelecto. Los humildes nacieron humildes por parentesco; para los griegos ser humildes era un estado inferior de existencia (Kittel and Friedrich 1972, VIII:2). Los antiguos griegos entendían negativamente la humildad como un estatus de clase baja, que implicaba un bajo intelecto. Los humildes nacieron humildes por parentesco; para los griegos ser humildes era un estado inferior de existencia (Kittel and Friedrich 1972, VIII:16–17).

El escritor y teólogo inglés C.S. Lewis (2001, 127) declaró: "Porque el orgullo es un cáncer espiritual: consume la posibilidad misma del amor, o la satisfacción, o incluso el sentido común". Para Lewis, el orgullo destruyó la comunidad, la paz y la inteligencia. Los orgullosos son egoístas, contenciosos e ingenuos. La humildad implica abrir nuestro corazón para escuchar. Oyendo aprendemos sobre los caminos de Dios.

Agustín (2007, 236–39) predicó un sermón sobre María y Marta. Explicó cómo María humildemente se sentó y escuchó a Jesús enseñar. Martha, por otro lado, fue una gran anfitriona que estuvo ocupada sirviendo a su invitado. Jesús dijo: "María ha escogido la buena porción, la cual no le será quitada" (Lucas 10:42). La humildad que le dio a María fue duradera, no temporal como una copa de vino o una hogaza de pan. El conocimiento, que cambia nuestra vida, se hace posible cuando somos humildes.

La humildad es entregarse, relajarse, escuchar y aprender. Los humildes están dispuestos a ser enseñados y guiados. La humildad no es un "trabajo" que hacemos; es una actitud de entrega. En cierto modo, la humildad es lo opuesto a las obras. María no trabajaba; ella se sentó y escuchó. Nos rendimos y luego somos transformados.

Si la gracia fuera un explosivo, la humildad sería el detonador. La gracia comienza a través de la entrega. La entrega es el primer acto del poder transformador de la humildad. La humildad continúa la transformación de la propia vida. En una palabra, el cambio es el resultado de la humildad. Dios da gracia a los humildes.

Agustín (2014, ch. 5) declaró la prominencia de la humildad cuando explicó que Dios se hizo hombre para demostrar humildad. Dios nació de una mujer en un establo lleno de animales. Dios vivía entre gente enojada e irrespetuosa. Dios murió injustamente en la cruz como un criminal. A través de estos actos de humildad, Dios sanó los pecados de la humanidad. La humildad es una herramienta tan poderosa que incluso Dios la usó para romper el espinazo del pecado. La humildad es el primer paso hacia el desinterés y prepara el camino para la gracia.

Karl Barth recurre a la Trinidad para ilustrar la humildad. Explicó que Dios ordena y expresa humildad al obedecer (Barth and Johnson 2019, 248). Dios demostró humildad a través de la persona de Jesús. Jesús fue obediente al Padre. Como explicó Barth, Dios ordenó y el hijo de Dios obedeció. Barth nota que la obediencia de Jesús fue Dios mostrando humildad. Jesús era Dios encarnado (en la carne). Así, como observó Barth, Dios ordenó y Dios obedeció. Por lo tanto, Dios fue humilde. La humildad trae el viento que impulsa la nave en su viaje redentor. La fuerza que salva empieza por hacerse a un lado.

Agustín entendió la humildad como vaciamiento. Usó la analogía de una casa que fue limpiada. Creía que la persona que se convierte a Cristo primero debe vaciarse. Entonces, explicó Agustín, el Espíritu Santo entra en la casa vacía. Agustín claramente entendió "vacío" como humilde. Una vez que el Espíritu Santo se mueve en el corazón de uno, la gracia tiene su efecto. "Él llena y guía y conduce a la persona, refrena del mal y estimula al bien, hace deleitable la justicia, para que la persona haga el bien por amor al bien"(Augustine 2007, 111 Sermón 72 A).

Como explicó el psicólogo William James, una persona que busca la conversión debe entregar su voluntad personal. La persona detiene sus esfuerzos para ir en la dirección que desea ir. El Dr. James explicó que la humildad tiene dos características: el sentimiento de error o insatisfacción por cómo son las cosas, y el sentimiento optimista de que hay una salida a nuestro descontento. El Dr. James (2011, 174–75) señaló que una persona puede tener una visión de un ideal positivo que se puede obtener. Para romper con la insatisfacción y hacia el futuro idealista, hay que dejar de lado la voluntad y el rendimiento. La humildad abre nuevas posibilidades en la vida al entregar los propios deseos. Una vez que se entregan, la gracia los reemplaza con nuevos deseos. La gracia llena el vacío que deja la rendición.

Para James (2011, 175), la humildad es renunciar a las propias ambiciones y planes. Esta actitud es lo que Agustín llama estar vaciado. Después de ser vaciado, el poder subconsciente para cambiar inunda la mente del rendido, brindándole nueva energía y vitalidad. Uno es cambiado por una fuerza externa, en lugar de tratar de cambiarse a sí mismo. Esta experiencia es lo que Agustín llama el Espíritu Santo tomando posesión de la casa vacía. La humildad, cediendo nuestra voluntad, es como se vacía la casa. Como dijo Jesús antes de su crucifixión: "Padre mío, si es posible, no me hagas beber este trago amargo. Pero no sea lo que yo quiero, sino lo que quieres tú" (Mateo 26:39). Jesús rindió su voluntad, y fue lleno de gracia y voluntariamente tomó la cruz. Los espectadores pueden haber visto a Jesús como un prisionero, pero era libre en todos los sentidos. Fue libremente a la cruz y lo hizo porque quiso. Cuando humildemente nos vaciamos de nuestros deseos, nos llenamos de nuevos deseos.

Martín Lutero (2018, 44) habla de la humildad como un estado mental, uno en el que la persona se autodeplora y se desespera como pecador. La humildad se da cuenta de que la salvación está fuera del alcance de uno y solo dada por Dios. No son salvos hasta que el pecador es reducido a "nada". Lutero transmite la idea del vacío. Lutero (2018, 132) entendió que la humildad prepara para la gracia. Explicó que el conocimiento del pecado de uno, y la respuesta de humildad, resultaron en gracia.

Leszek Kolakowski (2012, loc. 628 of 4817) introdujo una perspectiva interesante de Agustín. Explicó que a veces Dios elimina la pasión por la piedad y por hacer la voluntad de Dios para recordar a los cristianos su impotencia. Nos sentimos humillados por nuestra impotencia. La naturaleza humana no tiene poder sobre el pecado sin la gracia de Dios, y esta comprensión humilde provoca un cambio y una renovación dramáticos. Pedro le falló a Jesús la noche antes de su crucifixión. Agustín creía que era porque Dios retuvo la gracia de Pedro. Pedro negó a Jesús (Lucas 22:54-62). Después de la resurrección de Cristo, Pedro se arrepintió de su negación y fue renovado por la invitación de Jesús de continuar siendo su seguidor y apacentar a sus ovejas (Juan 21:15-19). El fracaso (humillación) y el arrepentimiento (humildad) de Pedro resultaron en la gracia necesaria para dar a luz a la iglesia, dirigirla e iniciar el evangelismo de los gentiles (Hechos 2:14-41, Hechos 10). Nuestra falta de gracia y las humillantes consecuencias son fuente de cambio, renovación y empoderamiento.

Lutero (2018, 232) creía que el propósito de la Ley era proporcionar conocimiento de nuestro pecado. La ley que comprendía la expectativa de Dios para la humanidad producía la sensación de que algo andaba mal. Este sentimiento es la insatisfacción a la que se refirió William James cuando hablaba de un punto de quiebre hacia la rendición. La chispa del cambio es el momento de quebrantamiento cuando decimos: "Señor, necesito tu ayuda. No puedo hacer esto. Estoy lejos de lo que debería ser". Jesús afirmó la necesidad del quebrantamiento si uno quiere experimentar el Reino de Dios cuando dijo: "Arrepentíos, porque el reino de los cielos se ha acercado" (Mateo 4:17). Saber lo que deberíamos o podríamos ser, y rendirnos al hecho de que no podemos serlo por nuestro propio esfuerzo, es la chispa que inicia el cambio.

La Gracia Produce Mas Gracia – El Efecto Bola de Nieve

La comprensión de la mayoría de los líderes cristianos es que los cristianos deben tener normas de comportamiento ético y desinteresado. Deben ser autodisciplinados, templados, justos, virtuosos y amorosos. Prácticamente ningún líder cristiano ha enseñado que la gracia lleva a la perfección. Sin embargo, la gracia como fuerza nos motiva a actuar de la manera correcta. El corazón motivado es lo que Dios busca. "El Señor recorre con su mirada toda la tierra, y está listo para ayudar a quienes le son fieles [los de corazón perfecto para él]" (2 Crónicas 16:9). La belleza de la gracia es cómo nos guía. Sentimos deleite y libertad en la justicia. La gracia produce pensamientos y comportamientos éticos y desinteresados a través de la pasión y el libre albedrío. La gracia da gozo y paz en la justicia. A uno le apasiona ser ético y desinteresado, y actúa libremente. Dios ve y acepta el corazón dispuesto.

Piense en esto como un barco de vela. El barco iza sus velas, y el viento lo arrastra sobre las aguas. Hay resistencia del agua. Las olas y el mar embravecido retrasan el avance del barco. El viaje no es perfecto, porque hay fuerzas que empujan contra el barco. A pesar de los desafíos del mar embravecido, el viento continúa haciendo avanzar el barco hacia su destino. Pablo lo expresó de esta manera: "Y, si el Espíritu de aquel que levantó a Jesús de entre los muertos vive en ustedes, el mismo que levantó a Cristo de entre los muertos también dará vida a sus cuerpos mortales por medio de su Espíritu, que vive en ustedes" (Romanos 8: 11). Pablo luego explica que, como resultado, no vivimos según la carne. El Espíritu ha vencido las obras de la carne (Romanos 8:12-13). En otras palabras, el viento vence a los mares embravecidos, aunque somos golpeados a medida que avanzamos. La gracia no produce perfección, pero sí produce cambio.

Los católicos romanos criticaron la idea de Lutero de que la salvación era solo por fe. Señalaron que la salvación sin obras no era salvación. Tenga en cuenta que la Iglesia Católica durante la Reforma no retrató con precisión lo que decía Lutero. Sin embargo, la crítica católica expuso el peligro de ver la gracia como la aceptación de Dios y nada más. La Epístola de Santiago explica que la fe y las obras van juntas (Santiago 2:14). Este versículo es consistente con el entendimiento católico de que las obras y la fe están vinculadas. Curiosamente, Lutero cuestionó la legitimidad del libro de Santiago y creía que no debería estar en la Biblia. Lutero creía que Santiago enfatizaba erróneamente las obras como un componente importante de la salvación (Pohle 1909a, n. The "sola fides" doctrine of the Protestants). Luego, Lutero y sus compañeros protestantes fueron desafiados a explicar cómo las buenas obras eran importantes para la vida del cristiano.

Los protestantes enfatizan las obras como parte de la salvación. El teólogo alemán Dietrich Bonhoeffer afirma el punto de vista protestante de que la gracia sin obras es "gracia barata". "La gracia que equivale a la justificación del pecado sin la justificación del pecador arrepentido que se aparta del pecado y de quien se aparta el pecado" (Bonhoeffer 1995, 43). A pesar de las críticas entre los teólogos protestantes y católicos, a menudo exageradas, tanto los católicos romanos como los protestantes expresan que se espera que los cristianos vivan según las normas definidas por la Biblia.

Por lo general, los cristianos evangélicos entienden que la fe en Dios tiene dos direcciones. La fe tiene una dirección vertical que mira hacia Dios y tiene una dirección horizontal que mira a los que nos rodean. La gracia impacta tanto nuestro amor por Dios como nuestro amor por los demás. Se entiende que ser cristiano tiene lugar en estos dos planos. El primer plano, el que inicia nuestro camino de fe, es una correcta relación con Dios. Este aspecto de la fe tiene que ver con reconocer al Hijo de Dios, Jesucristo, como Señor. El primer acto de gracia es que el Espíritu llena el corazón de uno con una pasión por adorar y alabar a Dios. Los cristianos proclaman a su Dios como digno de ser alabado por toda la creación.

El segundo plano horizontal de la fe es vivir en correcta relación unos con otros. Las leyes del Antiguo Testamento y los conceptos del Nuevo Testamento no fueron diseñados para ser reglas del bien y del mal; estaban destinados a ser reglas de la comunidad. A medida que uno sigue los dictados de la Biblia, uno construye la comunión con los demás. Estos actos virtuosos y actitudes apropiadas dan como resultado una comunidad amorosa. Agustín (2014, bk. 15, ch. 18) explicó que todas estas buenas obras tienen un fundamento, y ese fundamento es el amor. La Trinidad es una comunión de amor. Y por el Espíritu

Santo en el corazón del cristiano, somos inspirados a replicar esa comunión. Esta comunión es el amor de Dios, compartido con los discípulos de Dios para ser imitados y compartidos unos con otros.

Agustín y Aquino creían que la gracia producía obras. Donde no había obras, no había fe (Augustine 2014, bk. XV, 18). Aquino (1991, ch. 9, 114:5) explicó que la gracia produjo obras que produjeron más gracia y más obras. Él creía que la gracia primero lo movía a uno a la salvación, y luego la gracia continuaba moviéndolo a uno hacia una vida transformada. Cada deseo que produjo la gracia, una vez que se cumplió, produjo más deseos de hacer más cosas. La gracia tuvo este efecto de bola de nieve. Inspiró acciones que, cuando se llevaron a cabo, inspiraron más acciones. Karl Barth, un renombrado teólogo protestante suizo, explicó que la salvación no es un fin en sí misma; tiene un propósito. El propósito de Dios es crear una comunidad (Barth and Johnson 2019, 265). La gracia mueve a los cristianos hacia una relación saludable. Nuestra relación con los demás nos permite la oportunidad de expresar amor sacrificial (un acto de humildad), que trae más gracia.

Vamos a ver dos puntos de vista interesantes de Santo Tomás de Aquino y Bonhoeffer sobre la vida monástica. Al combinar las ideas de Tomás de Aquino y Bonhoeffer, obtenemos una mayor comprensión acerca de la gracia y su efecto. Como demuestran estos teólogos, la gracia es el viento que empuja el barco en un viaje asombroso.

Santo Tomás de Aquino creía que la bola de nieve de la gracia conducía en última instancia a una vida monástica de celibato, pobreza y obediencia (Healy 2014). Este nivel de desinterés fue el resultado de la gracia que llevó a una persona a esta máxima experiencia humana de gracia, que fue la felicidad en las dificultades, la adoración, la oración y la simple obediencia. Tenga en cuenta que la idea de Tomás de Aquino es que uno está dispuesto o inclinado por la gracia a vivir la vida monástica. Los rigores del monaquismo, para los llenos de gracia, eran deliciosos.

Bonhoeffer (1995, 48–49) señala que Lutero era un monje devoto. En teoría, Lutero había alcanzado el epítome de la gracia de Santo Tomás de Aquino. Sin embargo, explicó Bonhoeffer, la gracia sacó a Lutero de la vida monástica. La gracia sacó a Lutero de su aislamiento y lo llevó al "mundo" para realizar sus buenas obras. Este entendimiento, dijo Bonhoeffer, fue el llamado de Lutero al discipulado. La implicación era que el discipulado no era una actividad que uno realizaba de forma aislada como monje. El ministerio de Lutero era demasiado pequeño para un monje enclaustrado. Bonhoeffer explicó que el llamado de Lutero al ministerio fue más significativo en el mundo que en el monasterio. Su ministerio evidenció la gracia, más que cualquier cosa que Lutero había experimentado en el monasterio.

Cuando Lutero habló de la gracia, dio a entender que le había costado la vida. Lo que quiso decir fue que esta pasión dada por Dios lo había llevado al lugar del sacrificio. El sacrificio de Lutero, que realizó de buena gana, fue dejar el monasterio. Bonhoeffer (1995, 50) explicó que la gracia que Lutero experimentó, demostrada por sus obras desinteresadas, fue tan penetrante y sincera que Lutero pasó por alto las obras de la gracia. En otras palabras, las obras a las que Lutero renunció por ser en vano, las hizo voluntariamente. La gracia movió a Lutero a la vida monástica de disciplina y austeridad, y la gracia lo sacó de la vida monástica para liderar una revolución. La gracia produjo obras extraordinarias en la vida de Lutero.

La gracia es ese viento que mueve el barco más rápido y más lejos a medida que uno abre más velas. La clave es abrir tantas velas como se pueda. La forma en que Dios puede usarnos depende de la gracia y de atrapar el viento.

Lutero habló de la gracia como siendo a través de la fe y sólo de la fe. Enseñó que las obras eran de mínima utilidad para el cristiano. Como se señaló anteriormente, la Iglesia Católica Romana se opuso a la separación de las obras de la fe. Pero la vida de Lutero demostró que lo había dejado todo libre y voluntariamente para seguir a Cristo. Esta dinámica es lo que explicaba Bonhoeffer. La vida de Lutero estuvo llena de buenas obras. La disposición de Lutero a sacrificarse era evidencia de que la fe y la gracia habían producido obras. En otras palabras, Santo Tomás de Aquino y Bonhoeffer tenían razón: fue la gracia lo que llevó a Lutero al monasterio, y fue la gracia lo que lo sacó del monasterio y lo llevó a un movimiento de renovación. La gracia produce obras tan eficientemente que no se sienten como obras.

La conclusión es esta: cuanto más se baila, más se quiere bailar. Y el baile lo llevará a lugares a los que nunca imaginó que iría, lugares a los que una vez dijo que nunca iría. Lo sorprendente de la gracia es que el sacrificio, el desinterés, los nuevos comportamientos y las nuevas direcciones en la vida están impulsados por el entusiasmo y el sentimiento persistente de que uno está tomando sus propias decisiones libremente. La gracia es como una bola de nieve: cuanto más responde uno a la pasión por la piedad y el servicio, más crece el deseo y lo mueve a uno más y más profundamente a vivir su fe mediante acciones y actividades desinteresadas. Cuanto más el barco atrapa el viento, más queremos izar más velas y viajar a lugares extraordinarios.

Como se señaló anteriormente, el teólogo Karl Rahner (1961, I:299) explicó que la gracia diviniza a los cristianos. Desde su perspectiva, esto no era únicamente una declaración de identidad de que los cristianos son hijos de Dios. Ser divinizado, para Rahner y otros, era cómo funcionaba la fe. Rahner vio lo que Dios hizo como un verbo, "divinizar". Divinizando era cómo obraba la gracia; estaba poniendo las velas para atrapar aún más viento.

Como Roger Haight (1979, 147) explicó, divinizar es la acción de participar en la vida de Dios.

Un cristiano que está experimentando la gracia está cambiando a la imagen de Cristo. Cada paso hacia arriba a ese ideal conduce a más gracia. La gracia es como el acondicionamiento que hace un atleta para convertirse en campeón olímpico. Cuanto más entrenan, más fuertes se vuelven. Cuanto más fuertes se vuelven, más quieren hacer ejercicio. El proceso de la gracia, que conduce a más gracia, es el proceso de divinización o efecto bola de nieve.

Los siguientes aspectos de la fe hablan del efecto bola de nieve de la gracia. La mansedumbre, el servicio, la compasión y el amor son producidos por la gracia y conducen a una mayor gracia.

Mansedumbre

En el siglo XVII, el ministro inglés Matthew Henry (1822, 17), en un breve libro sobre la mansedumbre, explicó que la mansedumbre era lo que uno hacía cuando domesticaba animales salvajes. El granjero doma al caballo, y éste pasa de salvaje a manso. La idea de Henry era que la mansedumbre eliminaba la pelea del animal salvaje. Los mansos son compatibles y armoniosos con los demás. Lo opuesto a la mansedumbre no es el orgullo; es ira, resentimiento y conflicto. La ira, el resentimiento y el conflicto aparecen cuando uno no es manso. El caballo manso está en armonía con el granjero y otros animales, y lo opuesto es el caballo agresivo y salvaje. Los *mansos* son humildes. Pero la mansedumbre no es humildad.

La palabra manso en la Biblia a menudo se traduce como "humilde", "amable" o "menudo". Cuando Jesús llegó a Jerusalén en un burro (que se celebra el Domingo de Ramos), las traducciones al español de la Biblia dicen cosas diferentes. La

Nueva Versión Internacional y la *Biblia de las Américas* dicen que era "humilde". Y la *Reina Valera Revisada* dice que él era "apacible". La versión *Reina-Valera 1960* usa la palabra manso. De hecho, en Mateo 21:5, la palabra usada para describir a Jesús entrando en Jerusalén en un burro es la misma palabra que se encuentra en las Bienaventuranzas: "Bienaventurados los mansos" (Mateo 5:5). Las palabras manso y humilde a menudo se intercambian en español, dando la impresión de que son lo mismo. Pero no lo son.

La palabra griega del Nuevo Testamento proviene de la palabra hebrea del Antiguo Testamento *anav* (וְעָנָו). Jesús desafió a su audiencia a tomar su yugo, a aprender a ser mansos, y encontrarían descanso (Mateo 11:29). Esta palabra se usa en el Salmo 37:11, en una declaración similar a la Bienaventuranza de Mateo 5:5 sobre la mansedumbre: "Pero los mansos heredarán la tierra, y se recrearán con abundancia de paz" (Salmo 37:11, RV1960). Por tanto, se puede concluir que la mansedumbre conduce a la paz y al descanso emocional.

Entonces, ¿cómo funciona la mansedumbre? ¿Cómo se usa la mansedumbre para encontrar la paz? ¿Cómo nos ayuda la mansedumbre a cambiar? la palabra hebrea *anav* se basa en la idea de un sirviente. Está relacionada con el estatus y la propiedad, y un sirviente no tiene ninguno. Un sirviente puede ser administrador de las posesiones del amo, pero el sirviente no es dueño de las posesiones. La persona "mansa" no tiene estatus ni propiedad que pueda reclamar para sí misma (Friedrich and Kittel 1968, VI:647). Jesús, quien era Dios, entró en Jerusalén montado en un burro, no en un caballo ni en un carro. Jesús vino como un siervo. Había renunciado a su condición de Señor y Rey de Reyes. Jesús entregó su riqueza. El Creador de toda la creación no reveló sus posesiones y no asumió su posición. Jesús los entregó. Pablo explicó la humildad de Jesús en Filipenses 2. Jesús era Dios, pero renunció a su posición como Dios: "Por el contrario, se rebajó voluntariamente, tomando la naturaleza de siervo" (Filipenses 2:7). Pablo continuó explicando que Jesús se hizo obediente hasta la muerte.

Los mansos están quietos; son gentiles porque ya no sienten la necesidad de defender su posición o posesiones. Un sirviente sabe que él o ella es un sirviente, y el sirviente no tiene nada. Como resultado, están libres del estrés del estatus y las posesiones. Los mansos no están enojados ni resentidos. Están en reposo, en paz. El sirviente puede ser un defensor de la reputación y las posesiones de su amo, pero el sirviente no es el amo. El sirviente no es provocado por la pérdida o el insulto, no tiene una posición que defender y no tiene posesiones que perder. No hay animosidad contra Dios u otros cuando se cuestiona el estatus social o cuando se pierden las posesiones.

El notable intercambio entre Jesús y Pilato ilustra bien que Jesús no tenía interés en defender su posición. Era manso, un siervo sin posición ni posesiones. Pilato estaba perplejo y trató de instruir a Jesús para que se defendiera. Pilato le ofreció a Jesús una forma de evitar la crucifixión. La estrategia de Pilato fue imponer una flagelación, que esperaba apaciguaría a los gobernantes religiosos. Pilato necesitaba a Jesús para defenderse. Para asombro de Pilato, Jesús no se defendió. Cuando se le preguntó si afirmaba ser el Rey de los judíos, Jesús guardó silencio (Juan 19:1-16).

Como Pablo explicó más tarde en Filipenses, Dios exalta a los mansos. "Por eso Dios lo exaltó hasta lo sumo y le otorgó el nombre que está sobre todo nombre" (Filipenses 2:9). El dueño defiende a sus fieles servidores y reconoce su importancia. Por esa razón, el sirviente puede esperar tranquilamente hasta que su amo lo reconozca.

Tomás de Aquino insinuó esta idea cuando dijo que la gracia, cuando está en pleno efecto, lleva a uno a la pobreza, la castidad y la obediencia autoimpuestas. La persona llena de gracia entrega voluntariamente su estatus y posiciones. Los protestantes estarían de acuerdo en que la entrega es importante para la vida cristiana, pero vivir una vida monástica no es la única forma de vivir una vida mansa y entregada. Dicho esto, la mansedumbre es una forma de entrega.

"Bienaventurados los mansos, porque ellos recibirán la tierra por heredad" (Mateo 5:5). El dueño, el amo, da a los fieles servidores puestos y posesiones. Pero no son propiedad del sirviente; el siervo es un guardián, un mayordomo. Los mansos solo tienen estatus y recursos debido a su relación con el maestro. El amo otorga prestigio y permite el uso de la propiedad del amo. Es como ser el director ejecutivo (CEO) en la empresa de un propietario rico. La relación del CEO con el dueño de la empresa da como resultado una posición en la empresa y acceso a las posesiones de la empresa. El CEO tiene una posición y acceso a la riqueza de la empresa. Solo un CEO tonto piensa que él o ella es dueño de su posición o de la riqueza de la empresa. Como resultado de ser un empleado de confianza, el CEO tiene acceso a la riqueza del propietario. La riqueza es para el beneficio del propietario.

Otro ejemplo es la relación entre un padre rico y sus hijos. ¿Qué es mejor que tener un barco de lujo y una hermosa casa en el lago? Lo que es mejor es un padre que tiene un lindo bote y una casa en el lago. Los niños pueden disfrutar de la riqueza sin las preocupaciones de la propiedad. Si el barco se hunde o la casa se quema, no hay motivo para la ira o el resentimiento. El hijo o la hija no es el dueño. El niño se beneficia de la riqueza del padre, pero las posesiones son asunto del padre.

¿Cuántas veces ha sentido ira y amargura porque alguien violó sus derechos? No tiene derecho a hablarme de esa manera. No tenía derecho a quitarme eso. Debido a mi posición, debe tratarme de esta manera. Los derechos personales, una fuente importante de ira y resentimiento, se revolucionan a causa de la mansedumbre. Los mansos no son dueños de nada ni tienen ningún prestigio. Los mansos han cedido sus derechos y, en consecuencia, el punto de partida de la ira y el resentimiento. Como dijo Jesús: "Si alguien quiere ser mi discípulo, tiene que negarse a sí mismo, tomar su cruz y seguirme. Porque el que quiera salvar su vida, la perderá; pero el que pierda su vida por mi causa, la encontrará" (Mateo 16:24-25). El seguidor de Cristo no reclama ningún derecho al honor ni a la propiedad. Los mansos entregan sus derechos a Dios, y es Dios quien debe establecer y defender sus derechos. Somos quienes Dios proclama que seamos. Sólo tenemos lo que Dios nos ha confiado; somos fideicomisarios. Y es Dios quien defiende lo que Dios declara y lo que Dios posee.

Moisés fue llamado manso (Números 12:3). En este punto de la narración bíblica, ya no tenía estatus en Egipto y no tenía posesiones, al menos no como las que alguna vez tuvo en Egipto. Moisés era un pastor nómada. Cuando los egipcios y los judíos desafiaron la posición de Moisés, esperó que Dios defendiera su posición. Moisés entendió que él era el siervo de Dios y solo en la posición de libertador de los judíos porque Dios lo puso en esa posición. Moisés fue un mayordomo de lo que Dios le permitió ser y usar. Este entendimiento liberó a Moisés para relajarse y vivir en paz como líder de una nación. Moisés era un siervo que cumplía la voluntad de su amo, y su posición dependía únicamente de su amo. Moisés se metió en problemas con Dios cuando dejó de lado la mansedumbre y se apropió de su posición. Cuando Moisés tomó el control de Dios, fue castigado y no se le permitió entrar a la tierra prometida (Números 20:8-12). Los mansos entregan lo que son y lo que tienen a Dios. Entonces confían en Dios para defender quienes Dios dice que son y preservar lo que Dios les asigna.

Como explicó Tomás de Aquino, la gracia produce más gracia. La entrega de posiciones y posesiones, motivada por la gracia, produce aún más motivación para entregar nuestras posiciones y posesiones. Esta perspectiva es a lo que Jesús se dirigía con aquellos que querían ser sus discípulos cuando dijo que tenían que entregarlo todo para seguirlo (Mateo 16:24-25; Marcos 10:28). En Lucas 18, el joven rico pregunta qué debe hacer para ser salvo. Jesús dijo que vendiéramos todo y lo siguiéramos. En Mateo 28, Jesús habló sobre los últimos días y el juicio de la humanidad. Explicó que el juicio se basaría en la generosidad hacia los marginados. Jesús no estaba pidiendo a sus seguidores que fueran pobres; les estaba pidiendo que fueran mansos. Como demostraron tanto Moisés como Jesús, los mansos son poderosos porque la mansedumbre le permite a Dios tener el control. Los mansos entregan sus riquezas a Dios y se convierten en mayordomos. Lo que tenemos y lo que somos está puesto en las manos de Dios.

La mansedumbre es un gran ejercicio espiritual que ayuda a los cristianos a ser más como Cristo. Sólo por la entrega recibimos la mansedumbre. Nuestras frustraciones y destellos de ira revelan los derechos no entregados que tenemos en nuestras vidas. Rendir nuestros derechos a Dios y ser siervo y mayordomo de Dios es la respuesta. Dios promete que los mansos heredarán la tierra. Dios cuida de los mansos. Eso no significa que los mansos no tengan posesiones ni prominencia; solo significa que saben que sus posesiones y estatus son de Dios y están bajo el cuidado de Dios. La mansedumbre permite que se manifieste el poder de

Dios. La mansedumbre es el efecto bola de nieve que amplifica la humildad a sus niveles más profundos y cambia nuestras vidas.

Los Derechos, El Enemigo de la Gracia

Una de las realidades irónicas de estar en una iglesia durante un período prolongado es ver la cantidad de personas que vienen a Cristo con entusiasmo y se unen a la iglesia, solo para que finalmente dejen la iglesia y se vuelvan inactivas. Lamentablemente, la mayoría se van enojados o desilusionados. Después de una decepción o un insulto, dejan la iglesia y practican su fe fuera de una comunidad de creyentes que adoran. Los resentidos y heridos van en la dirección opuesta a la que la gracia estaba diseñada para llevarlos: se aíslan y se alejan de una comunidad significativa. La amargura siempre saca a uno de la comunidad y lo aísla. Nos amargamos cuando alguien no cumple con nuestras expectativas. Pensábamos que teníamos derecho a algo, y ese derecho no se respetó. Nada disminuye la gracia como la amargura. La pasión de amar es reemplazada por la pasión del resentimiento.

Lo opuesto a la mansedumbre es la ira y la amargura. La ira es la primera bandera roja de peligro. Indica que una posición que uno cree que tenía fue irrespetada o una posesión que uno cree que era suya fue tomada o dañada. Nuestra primera respuesta es la ira. La amargura es una ira ardiente que continúa mucho después de la ofensa.

Los mansos no pelean por respeto o posesiones. Creen que Dios suplirá sus necesidades; los mansos heredarán la tierra. Su herencia se basa en la fidelidad de Dios, el poder de Dios, no en las luchas con los demás. Los mansos pueden relajarse porque Dios los defenderá y proveerá para ellos. La ira y la amargura disminuyen la pasión que Dios le da al creyente para cambiar y llegar a ser más como Cristo. La gracia lleva a la reconciliación y sanación relacional. La ira y la amargura conducen a relaciones rotas y represalias. La ira y la amargura retardan el flujo de la gracia porque toman el control de nuestras pasiones de manera negativa.

Hay una historia interesante sobre la mansedumbre en el Antiguo Testamento. Elcana tuvo dos esposas, Ana y Penina. Penina pudo tener hijos. Ana no lo era. La Biblia dice que, a pesar de no tener hijos, Elcana amaba profundamente a Ana. Ana estaba desconsolada porque era estéril. Ella fue al sacerdote Eli para orar y hacer un voto ante Dios. Su voto fue que, si podía tener un hijo, se lo daría al Señor. Ana le explicó a Elí, quien le preguntó por qué estaba tan molesta que sentía "ansiedad y aflicción" (1 Samuel 1:16). La palabra aflicción en este versículo a menudo se traduce como "frustración" o causarle a alguien "pena" o "ira". Esta palabra se usa en el Antiguo Testamento para significar hacer enojar a alguien.

Estaba enfadada y resentida. Su ira probablemente provenía de dos fuentes. Una fuente obvia fue la otra esposa de Elcana, quien podía tener hijos. Penina humilló a Ana porque no podía tener hijos. Ana lloraba y se angustiaba tanto que no podía comer (1 Samuel 1:6-7). La segunda fuente de ira de Ana no era tan evidente en las Escrituras. Estaba frustrada con Dios. Tal vez ella culpó a Dios. Ana hizo viajes frecuentes a la casa del Señor, tratando de conseguir la ayuda de Dios (1 Samuel 1:7, 9-11). Y Ana, después de años de desilusión, decidió hacer un trato con Dios. Ella daría su primer hijo a Dios (1 Samuel 1:11).

Después de entregar su futuro hijo a Dios, sus oraciones fueron respondidas. Pronto dio a luz un hijo y lo llamó Samuel. Luego se lo presentó a Eli para que lo criara en el templo. Ana explicó: "Ahora yo, por mi parte, se lo entrego [a Samuel] al Señor. Mientras el niño viva, estará dedicado a él" (1 Samuel

1:28). Ana entregó a su hijo. Luego, Ana dijo una oración (1 Samuel 2) en la que afirmó que Dios estaba en control de todos los eventos, se podía confiar en Dios y Dios se preocupaba por los fieles. El resto es historia. Samuel se convirtió en uno de los más grandes profetas de Israel. Era el ungidor, guía y consejero de los futuros reyes y gobernantes.

Ana pudo escapar de su amargura a través de la rendición. Lo que más deseaba, tener un hijo, se lo ofreció a Dios. Poco después del nacimiento de Samuel, ella lo entregó a Elí, el sacerdote, y al templo para el servicio de Dios. Su camino hacia la paz, en oposición a la ira y la amargura, se encontró en la mansedumbre.

Los mansos son personas que renuncian a sus derechos de propiedad y estatus. El don de la paz de Dios es la consecuencia de la entrega. Ana pudo escapar de su ansiedad y vejación al volverse mansa. La historia termina con ella teniendo cinco hijos más (1 Samuel 2:21). Ana no abandonó a Samuel. Ella siguió relacionándose con él a pesar de que él vivía en el templo. Su hijo era el siervo de Dios, y ella era la cuidadora del siervo de Dios. La historia de Ana, en la Biblia, concluye con la oración de Ana. Esta oración es un canto de alabanza. Ella proclama, "Puedo celebrar tu salvación," y, "Nadie es santo como el Señor; no hay roca como nuestro Dios. ¡No hay nadie como él!" No hables más con tanta soberbia, no dejes que la arrogancia salga de tu boca (1 Samuel 2:1-2). La canción de Hannah reveló que estaba energizada por su humildad y entrega de lo que más valoraba.

Servidumbre

Agustín creía que la condición natural de la humanidad era el egoísmo. El egoísmo humano, pensó, era nuestra prisión. Por lo tanto, el pecado crea un torbellino que atrae todo en la vida hacia uno mismo. La pasión de uno es por la felicidad, el éxito y el placer de uno. La persona egoísta puede tener a otros en su vida, pero están ahí para satisfacer sus necesidades. El egoísmo es el estado en el que el matrimonio se convierte en un lugar de autogratificación, los hijos en una fuente de autoglorificación y las amistades en una forma de autoengrandecimiento. Como resultado, creía Agustín, era imposible que una persona por sí sola saliera nadando del remolino del "ego"; la persona estaba atrapada por la alegría de sí mismo (Haight 1979, 156).

Tenga en cuenta que una de las principales características de la gracia de Agustín era la libertad. Una persona es liberada por la gracia. Esta libertad es tan abrumadora que una persona se aleja del pecado de manera que se siente como si estuviera haciendo su propio progreso. Es como salir nadando de un remolino, creyendo que tus patadas están causando el progreso. De hecho, es el Espíritu Santo sacándole del remolino. Para Pelagio, uno escapa del pecado por su propio esfuerzo. ¡Nada más duro! Pero para Agustín, uno es liberado del pecado por una fuerza que lo atrae.

Agustín luego explicó cómo era la libertad. En opinión de Agustín, la gracia da a uno la libertad de amar (Haight 1979, 156–57), la libertad de ser desinteresado. La gracia saca al pecador atrapado del torbellino del egoísmo y lo lleva a un lugar donde es libre de amar a Dios y amar a los demás. "El Espíritu de amor es la fuerza generadora del comportamiento" (Haight 1979, 157). La atracción de Dios es, de hecho, un cambio en el placer. La fuente de placer cambia de uno mismo a los demás. Este cambio en el placer hace que el creyente caiga en línea con el ejemplo de la Trinidad; uno existe para servir a los demás. Cristo, el siervo sufriente, era un siervo de Dios. Como explicó el profeta Isaías, "Después de su sufrimiento, verá la luz y quedará satisfecho; por su conocimiento mi siervo justo justificará a muchos, y cargará con las iniquidades de ellos" (Isaías 53:11). Cristo es el siervo de Dios y sirve a la humanidad. Por lo tanto, Dios es un servidor de la humanidad y, mediante su servidumbre, Dios demuestra humildad y revela el poder de la gracia.

Repetidamente a lo largo de los evangelios, Jesús enseña acerca del servicio. Pablo dice en Filipenses 2:7 que Jesús era un siervo. En Juan 6:38, Jesús explica que fue enviado para hacer la voluntad de Dios, no la suya. Jesús les dijo a sus discípulos en Marcos 9, cuando se inscribieron por primera vez para ser sus seguidores, que debían ser servidores de todos. En la Pascua, antes de su muerte, Jesús lavó los pies de sus discípulos y les dijo que el camino a la grandeza era ser siervo. Durante la Pascua, Jesús recordó a los discípulos que el mayor no es el que se sienta a la mesa, sino el que sirve a la mesa (Lucas 22:27).

Agustín explicó que una vez que nos liberamos del egoísmo, somos libres para notar a quienes nos rodean. Vemos sus necesidades, y la gracia nos apasiona para hacer algo. Cuando seguimos la pasión de la gracia por servir a los demás, que es una expresión de humildad, la gracia continúa fluyendo, inspirándonos a hacer más. "Donde hay autotrascendencia, está el movimiento de la gracia"(Haight 1979, 159). La gracia nos saca del servicio a nosotros mismos, nuestra tendencia natural, y nos trasciende al servicio de los demás.

En Lucas 22, en la Última Cena, Jesús anuncia una nueva perspectiva sobre las relaciones. Él explica en el versículo 27 que el servidor es mayor que el servido. La palabra utilizada para servidor proviene de *diakoneo* (διακονέω). Esta palabra tiene su origen en servir mesas. En un sentido más general, el mesero, una persona que satisface las necesidades prácticas, es el que es mayor.

En Juan 13, las escrituras son más extremas. Después de que Jesús lavó los pies de sus discípulos, les dijo que debían tener esta misma actitud de siervo. Añadió que un esclavo (griego – *doulos*) (δοῦλος) no es mayor que el maestro, y un mensajero no es mayor que el que envió el mensaje (versículo 16, paráfrasis). Jesús concluye que debemos ser como un esclavo o un mensajero (versículo 17). La persona que ayuda a otros de manera tangible es la que es más grande.

En Hechos 6, los primeros apóstoles se dieron cuenta de que necesitaban a alguien que alimentara a los hambrientos, en particular, que sirviera las mesas. Las personas escogidas para esta tarea se llamaban *diakonoi* (διάκονοι); más tarde, la iglesia los llamó diáconos. El servicio está relacionado con la satisfacción de necesidades tangibles. En un sentido más general, significa edificar a la comunidad a través del servicio a los de la comunidad. (Kittel and Bromiley 1964, 87). Jesús establece su expectativa para sus discípulos. ¿Cómo se sirve? Como se vio anteriormente, Agustín diría que a través de la gracia, uno puede trascender su egoísmo y servir a los demás. Lo que eso significa es que hay alegría en servir, y cuanto más se sirve, más se quiere servir. El placer de servir a los demás es la libertad, es decir, la libertad de uno mismo.

Jesús, cuando predicaba la servidumbre, no era duro ni carente de amor. Sabía que para ser grande en el Reino de Dios hay que ser siervo. Jesús estaba explicando la dinámica vista en la Trinidad, en la cual cada uno sirve al otro. Jesús sabía que el pacto de gracia implanta el corazón de siervo en el cristiano. Agustín y Aquino explicaron que esto es lo que hace la gracia: nos da deleite en el servicio. Por gracia, podemos servir a los demás, y no se siente como un trabajo. Si la servidumbre es el camino a la grandeza y refleja la naturaleza de Dios, entonces un siervo trabajador es consistente con el Reino de Dios. Las comunidades de compañerismo y comunión se construyen sobre el servicio.

El servicio produce gracia, y la gracia es un deleite en lo que hacemos por los demás y un gozo en lo que somos. El esclavo es liberado por la gracia y ya no es un esclavo, sino un discípulo dispuesto y entusiasta que construye una comunidad de honor y alabanza a través del servicio. La mejor danza, la que hace que todos se sientan aceptados y pertenecientes, es la danza del servicio a los demás. ¿Quién no ama a un sirviente alegre?

Compasión

Tomás de Aquino (1991, ch. 10, vol. 30) explicó que la angustia es lo que siente una persona cuando no puede hacer lo que quiere hacer. Continúa explicando que la sensibilidad hacia las personas en peligro es uno de los elementos de la compasión. La compasión se basa en observar a otros que están en peligro. Cuando una persona ve a alguien incapaz de cumplir con sus deseos (angustiado), la persona sensible siente compasión.

La compasión es preocuparse por la angustia de otra persona. La persona compasiva quiere lo que es bueno para la otra persona. Esta actitud fue el punto de Jesús en Mateo 25, donde Jesús habla de los afligidos, los desnudos, los hambrientos y los encarcelados. Concluye que sus seguidores deben notar a los afligidos y servirlos. "En cuanto lo hicisteis a uno de estos mis hermanos más pequeños, a mí lo hicisteis" (Mateo 25:40). Jesús desafió a sus seguidores a ser sensibles, a ver a los que estaban a su alrededor que estaban en peligro.

Compasión, explica Tomás de Aquino (1991, ch. 10, vols. 30–31), produce generosidad. Los compasivos están entusiasmados por compartir sus posesiones con los que están en apuros. Al hacerlo, demuestran falta de amor por las cosas y amor por los demás. Lo que hace que las ideas de Tomás de Aquino sean interesantes es que se basan en la voluntad de uno. La persona compasiva quiere ayudar y encuentra placer en ayudar. La fuerza subyacente de la compasión es la gracia, el deseo de ayudar. El sirviente no ayuda a otros a través de acciones forzadas. El sirviente ayuda de buena gana. Como Pablo explicó en 2 Corintios 9:7, "Cada uno debe dar según lo que haya decidido en su corazón, no de mala gana ni por obligación, porque Dios ama al que da con alegría". La gracia es la brisa que empuja nuestra voluntad para ayudar a los demás. Es la pasión por involucrarse. La compasión es la sensibilidad a las necesidades de los demás y la capacidad de seguir el deseo interno de involucrarse. Como señaló Pablo, "Alabado sea el Dios y Padre de nuestro Señor Jesucristo, Padre misericordioso y Dios de toda consolación, quien nos consuela en todas nuestras tribulaciones para que, con el mismo consuelo que de Dios hemos recibido, también nosotros podamos consolar a todos los que sufren" (2 Corintios 1:2-3).

La compasión es diferente al amor en que tiene un enfoque más limitado. Se centra en la angustia de los demás. Es una virtud impulsada por la gracia ayudar a otros en necesidad. Como cristianos, tenemos compasión por los que tienen necesidades y los ayudamos libremente. Aquino (1991, vols. 34, 32–2) dice que hay siete áreas de necesidad humana (corporal) y siete áreas de necesidad espiritual. Las siete necesidades corporales son: ser visitado, beber, comer, vestirse, pagar un rescate, dar cobijo y ayudar a enterrar a los muertos. Las necesidades espirituales son enseñar, dar consejos, corregir, consolar, perdonar, apoyar y orar. La gracia inspira a los seguidores de Cristo a satisfacer las necesidades, no por la ley y el miedo, sino por la voluntad de ayudar. La compasión por los demás es cuando uno apasiona y voluntariamente satisface las necesidades físicas y espirituales de otros que están en problemas.

Amor

El amor de Dios involucra el deseo de Dios de hacer cosas que beneficien a los humanos. El profeta Jeremías lo expresó de esta manera: "Porque yo sé muy bien los planes que tengo para ustedes —afirma el Señor—, planes de bienestar y no de calamidad, a fin de darles un futuro y una esperanza" (Jeremías 29:11). Los primeros teólogos entendieron el amor como el resultado de la gracia. La gracia de Dios produce en el cristiano amor a Dios ya los demás. El amor está relacionado con la pasión de una persona por el bienestar de otra persona. Por gracia esperamos y trabajamos por su bienestar, éxito y futuro. Es como el compromiso que tiene un padre por el éxito y la felicidad de su hijo en la vida. Los padres sacrifican voluntariamente su bienestar por el bienestar de sus hijos. Lo más importante es que el niño tenga futuro y esperanza.

Aquino (1991, vols. 34, 23–1) señala que uno puede amar todo tipo de cosas. Una persona puede amar los mariscos o los bistecs, pero ese es un amor atraído por uno mismo. Además, no se puede trabajar por el bienestar de los productos del mar. Eso no es amor relacional. El amor trinitario, demostrado por el Padre, el Hijo y el Espíritu Santo, es amor relacional. El amor por un amigo o familiar es amor relacional. En el caso del amor, uno es apasionado y obstinado por el bienestar del otro.

El amor es una pasión libremente expresada. Santo Tomás de Aquino explicó que el amor no es el Espíritu Santo amando a través de nosotros como si el Espíritu fuera un ser extraño dentro que usa nuestros corazones. Entonces estaríamos desprovistos de amor; no seríamos nosotros los que amamos, sino un extraño en nosotros amando a través de nosotros. El amor viene de la gracia. El Espíritu Santo se conecta con nuestro espíritu, y recibimos la capacidad y el deseo de amar al otro. Amamos porque Dios nos hace capaces de amar a través de la gracia. Así, explicó Tomás de Aquino, el amor motivado por la gracia fluye de nuestro libre albedrío. Amamos porque el Espíritu Santo tocó nuestros corazones, y nuestros corazones renacidos eligen amar. "Realmente deseamos amar"(Aquinas 1991, vols. 34, 23–2).

Agustín (2007, 221) explicó que tanto el amor como el miedo motivan acciones de buen comportamiento hacia los demás. Explicó que un esclavo que teme las palizas de su amo trabajaría por el bienestar de su amo. El miedo es una fuerza que motiva. Agustín relacionó el miedo con el propósito de la ley. Su finalidad es motivar buenas conductas especificando castigos, generando así miedo. Pero, como explicó Agustín, la gracia es también una fuerza que motiva. El amor reemplaza al miedo: "El perfecto amor echa fuera el temor" (frase de 1 Juan 4:18). El amor reemplaza al miedo como fuerza motivadora para trabajar por el bienestar del otro. El amor no quiere defraudar; quiere satisfacer las expectativas de los demás. El punto es que el deseo de luchar por el bienestar de los demás es amor. Por la gracia, el amor se convierte en un acto de libertad. Uno es libre de cuidar a los demás, de sacrificarse por los demás, no por miedo sino por amor.

Las Muchas Fuentes de la Gracia

Decir que la mansedumbre, el servicio, la compasión y el amor son las únicas fuentes del efecto bola de nieve de la gracia pasa por alto las muchas virtudes que la Biblia promueve. La Biblia presenta muchas virtudes que brotan de la gracia y que producen gracia. En cada caso, requieren una actitud de entrega. A medida que nos rendimos, nos sentimos inspirados a realizar acciones más virtuosas. Al vivir una vida virtuosa, nos convertimos en atletas en entrenamiento y cada día somos más fuertes. Vamos de gracia a mayor gracia. A continuación, hay una lista de ilustraciones de virtudes y una breve nota para explicar cómo producen gracia. De ninguna manera es una lista completa. Mi punto es simplemente ilustrar que las Escrituras están llenas de indicaciones sobre cómo iniciar una bola de nieve de gracia transformadora.

- Confesión: La Biblia nos enseña a confesar nuestros pecados unos a otros (Santiago 5:16). Al admitir nuestros errores ante alguien, expresamos nuestras limitaciones y fallas. Cuando confesamos nuestros defectos a los demás, expresamos humildad y voluntad de cambio. Al reconocer nuestros errores, estamos admitiendo que sabemos que somos pecadores necesitados de gracia. Necesitamos cambiar. Dios da gracia a los que admiten sus debilidades y errores, haciéndolos capaces de cambiar.
- Hospitalidad: Cuando nos preocupamos por los demás al traerlos a nuestros hogares y atenderlos de manera tangible, nos convertimos en sirvientes. Lo interesante de la hospitalidad es que implica un servicio de calidad a los demás. Dios da gracia a quienes alimentan, entretienen y sirven a los invitados.
- Amabilidad: Cuando tratamos a las personas con respeto, mostramos más que respeto; mostramos bondad. La amabilidad tiene que ver con ser alegre y cariñoso. Una persona amable habla con palabras afirmativas y alentadoras. Se necesita humildad para ser amable. Una persona amable aplica la regla de oro y trata a los demás como les gustaría ser tratados. Dios da gracia a aquellos que son positivos y solidarios.
- Alegría: La vida es dura para todos. Los alegres no son personas que no tienen dolor en la vida. Son personas que

anteponen a los demás tranquilizándolos. Los alegres dejan de lado sus dolores y piensan en los demás. Proporcionan una atmósfera de esperanza. La persona alegre habla palabras de esperanza, incluso en tiempos difíciles. Dios da gracia a quien considera lo que otros necesitan y proveen palabras de aliento.

- Iniciativa: es fácil ser perezoso y ver las cosas que deben hacerse y esperar que alguien más las haga. Los que tienen iniciativa son mansos y no asumen que son demasiado importantes para hacer los trabajos que otros no quieren hacer. Dios da gracia a aquellos que toman la iniciativa y trabajan, haciendo las tareas que otros sienten que son indignas de su estatus.

- Generosidad: la mayoría de nosotros esperamos que el futuro traiga tiempos difíciles y necesitamos salvar lo que tenemos. Los generosos son los que dan en lugar de construir almacenes más grandes. Hacen la pregunta: "¿Puede mi regalo mejorar la vida de una persona?" La persona generosa cambia el enfoque de lo que es bueno para mí a lo que es bueno para ti. Dios da gracia a quien vence sus miedos sobre el bienestar y da para el bienestar de los demás.

- Ánimo: La naturaleza humana hace que nos encante hablar de nosotros mismos. El estímulo construye a otra persona hablando de sus cualidades positivas. Señala sus habilidades y da esperanza para su futuro éxito. Dios da gracia a aquellos que alaban a otros diciéndoles por qué son valiosos.

- Paciencia: Tendemos a valorar nuestro tiempo más que el tiempo de los demás. La paciencia tiene que ver con el tiempo. Cuando somos pacientes, estamos demostrando que otras personas tienen valor. Lo que hacen es importante, y podemos esperar. Dios da gracia a aquellos que dejan de lado su tiempo y valoran el tiempo de otra persona.

- Sencillez: Una tentación que todos tenemos es juntar cosas para llenar un vacío en nuestros corazones. Las cosas son como una droga que nos distrae. Otra razón para acumular cosas materiales es la tentación de encontrar nuestro valor en lo que tenemos. A menudo comparamos lo que tenemos con lo que tienen los demás. La humildad implica encontrar la paz y el valor en lo que somos y no en lo que tenemos. Dios da gracia a aquellos que pueden vivir con lo básico de la vida y confiar en Dios para traerles paz y revelar su valor.
- Gratitud: Cuando alguien hace algo beneficioso para nosotros, como un acto o una palabra, la gratitud muestra que reconocemos que su acto benefició nuestras vidas. La gratitud expresa que necesitamos a otros en nuestras vidas para florecer en la vida. La gratitud no es un cálido sentimiento de "gracias" por la contribución de alguien a nuestras vidas; es un reconocimiento a los que nos ayudaron de su ayuda. Dios da gracia a los que son humildes al reconocer que ninguno de nosotros podría tener éxito en la vida sin la ayuda de los demás.
- Adoración: Cuando uno participa en un servicio de adoración, cambia su enfoque de uno mismo a Dios. Cantos de alabanza a Dios, oraciones de confesión, escrituras que reflejan la sabiduría de Dios y sermones predicados que se enfocan en nuestro Señor, nos disminuyen y maximizan a Dios. La experiencia de adoración pone a Dios y a nosotros en perspectiva. Dios da

gracia a aquellos que adoran a Su Hijo, y dejan la experiencia de adoración energizados y emocionados por agradar a Dios (gracia).

Como hemos visto, la gracia inspira obras de justicia. La gracia nos inspira a una vida virtuosa que construye comunidad. Dicho esto, cualquiera de las circunstancias de la vida que podría conducir a una de las respuestas virtuosas anteriores también podría generar resentimiento y amargura. La pasión de la gracia puede ser reemplazada por la pasión de la amargura. Como demuestra la lista anterior, la gracia llega cuando somos humildes. El amor se expresa por las virtudes, que son expresiones concretas del amor. Cuanta más gracia recibimos, más virtudes ejecutamos, que nos traen aún más gracia. Los seguidores de Cristo son dotados de gracia, que motiva actos y actitudes que se multiplican y construyen comunidad.

⌘

Nuestra personalidad única y lo que hacemos con nuestras vidas es un "llamado" de Dios. Dios nos llama por gracia a convertirnos en quienes somos y hacer lo que hacemos. En el próximo capítulo, veremos cómo la gracia nos lleva a nuestra vocación y personalidad.

7. Nuestra Vocación y Dones: Mi Danza
"Pero por la gracia de Dios soy lo que soy." (Pablo)

Pablo dijo: "Pero por la gracia de Dios soy lo que soy" (1 Corintios 15:10). Quiénes somos y lo que hacemos está todo impulsado por la gracia. Nuestra personalidad tiene que ver con lo que somos. Cada uno de nosotros es único, y la gracia nos hace únicos. Nuestra profesión, dones y la dirección que tomamos en la vida es todo el resultado de la gracia, y esto define quiénes somos. La palabra vocación se asocia a menudo con la idea de ocupación. ¿Qué es lo que haces? ¿Cuál es tu trabajo, tu profesión? Los dones, en el contexto cristiano, se refieren a las habilidades que cada uno tiene. ¿Qué es lo que haces mejor que los demás? Conocer la voluntad de Dios se hace realidad por la gracia. ¿Qué camino debes tomar? ¿Cómo sabes lo que Dios quiere que hagas? Si la gracia es Dios en nosotros dándonos pasión para hacer las cosas que agradan a Dios, entonces la gracia es cómo nos convertimos en la persona única que Dios quiere que seamos.

Nuestra Vocación

En el cristianismo, la palabra vocación y la idea detrás de ella tienen una larga historia. En el Capítulo 6, hablamos sobre el entendimiento de Tomás de Aquino de que la gracia, cuando está en su plena expresión en la vida de una persona, la lleva a una vida monástica. Su pensamiento era que una persona podía estar tan llena de gracia que practicaba voluntariamente las penalidades de la vida monástica. Al comienzo del cristianismo, este nivel de sacrificio y abnegación se consideraba un llamado de Dios, una vocación.

La palabra vocación se basa en la palabra latina *vocare*, "llamar". Los monjes se hacen monjes porque Dios los llamó a ser monjes. El monje tuvo la gracia de vivir una vida monástica. Durante un largo período de la historia de la Iglesia, el "llamado" se entendió hacia una vida consagrada, una vida de servicio en la Iglesia, como el sacerdocio, el convento o el monacato. La gracia dio la pasión por vivir una vida sacrificada al servicio de la Iglesia.

La Reforma protestante trajo una comprensión más amplia de la idea de una vocación. Juan Calvino explicó que la gracia equipa a los líderes de la iglesia para liderar. Calvino hizo referencia a Agustín cuando habló sobre el comportamiento apropiado, dar a los pobres y el servicio en la iglesia como líder. Explicó que lo que hacemos, lo hacemos por la gracia de Dios. La misma gracia que llama a la fe en Cristo (pasión por Cristo) es la misma gracia que lleva a la vocación (pasión por lo que se hace con la vida). Nuestro trabajo como líderes de la iglesia se lleva a cabo a través de la gracia. Calvino (1509, bk. 2, ch. 5, section 8) notó que Tito realizó su ministerio de exhortación, no simplemente como un voluntario actuando por su poder y habilidad; fue Dios quien dirigió su corazón para ser un exhortador. Basado en la perspectiva de Calvino, la gracia produce la pasión por hacer lo que hacemos, o mejor aún, por hacer lo que Dios quiere que hagamos con nuestras vidas.

El evangelista estadounidense, Billy Graham (1997, 38), cuenta en su autobiografía acerca de su "llamado" al ministerio. Cuando terminó la escuela secundaria, planeaba ir a la universidad y convertirse en vendedor. Provenía de una familia cristiana devota y no deseaba ser pastor. Comenzó en una universidad cristiana, lo que le resultó frustrante, y finalmente se transfirió a una universidad bíblica. El decano de la escuela necesitaba a alguien que predicara en un servicio de adoración en una iglesia pequeña y le pidió a Graham que predicara. Graham, con aprensión y poca confianza, accedió a ocupar el púlpito. Siguieron otras oportunidades para hablar, y pronto Graham admitió que estaba desarrollando un "sentimiento persistente" en su corazón de que Dios lo estaba llamando a predicar. Admitió, en un primer momento, que no acogió con agrado el llamado.

La experiencia de Graham refleja la naturaleza de la gracia y el llamado de Dios. Uno no tiene interés en una ocupación particular, como ser un predicador; entonces hay un despertar, una chispa que comienza a brillar. El sentimiento persistente se convierte en noches de insomnio pensando en algo que uno nunca hubiera considerado: la predicación, el ministerio, las misiones o el servicio en la iglesia. Graham informó: "El impulso interno e irresistible no se calmaba" (Graham 1997, 53). Dijo que en ese momento entregó su vida a Dios para ser un predicador. Tenía muchas preguntas y no estaba seguro de su futuro, pero quería ser predicador. Entregarse a la voluntad de Dios era aceptar el deseo que Dios había puesto en su corazón.

Calvino fue uno de los primeros teólogos en dignificar el trabajo. Los pastores no solo son llamados por Dios, sino que Dios llama a todos a su profesión, es decir, cómo se ganan la vida (Boehestein 2014). El carpintero, el maestro, el funcionario, el médico y el bombero, todos son llamados por Dios. Durante gran parte de la historia de la iglesia, se pensó que solo se llamaba a los pastores/sacerdotes y otros que servían a la iglesia con sacrificio. Calvino creía que Dios llamaba a todos al trabajo que hacían, que incluía la profesión de uno (Bouwsma 1988, 74). Este entendimiento se volvió importante para todos los cristianos, independientemente de su profesión. El cristiano puede usar su profesión para traer luz y entendimiento sobre el Reino de Dios. El trabajo que cada uno hace tiene dignidad y puede ser usado por Dios.

La idea de que Dios llama a las personas a diferentes profesiones para beneficiar a la humanidad y que su carrera puede servir como plataforma para glorificar a Dios está conectada con la gracia. Si Dios le da al obrero de la iglesia la gracia de ser pastor, evangelista o misionero, Dios también le da la gracia de ser carpintero, agricultor, enfermero, profesor y contador. La pasión por ejercer una profesión particular es un don de Dios. Calvino creía que nuestra vocación era dada por Dios y era para el beneficio de la comunidad. El granjero quiere alimentar a otros, el maestro quiere guiar y enseñar a los niños, el mecánico quiere arreglar los autos de la gente del pueblo y el veterinario quiere cuidar de las queridas mascotas y el ganado de la comunidad. El "deseo" es el llamado, y el "deseo" es dado por Dios. Dios sirve a la comunidad dando un llamado a las personas en esa comunidad.

El pastor y autor Peter Scazzero representa el pensamiento actual sobre el llamado de Dios a cada seguidor de Cristo. Se basa en una cita de Juan Crisóstomo, un obispo de Constantinopla del siglo quinto. "Encuentra la puerta de tu corazón, descubrirás que es la puerta del reino de Dios" (Scazzero 2017, 56). Scazzero interpreta que esto significa que cada uno de nosotros tiene un llamado, una visión, una misión que Dios ha puesto en nuestros corazones. Este llamado y visión son los que hacen que cada uno sea único. Scazzero luego desafía a cada persona a descubrir su personalidad, gustos y disgustos, sentimientos y pensamientos. Él llama a esto "crecer en nuestra fidelidad a nuestro verdadero yo" (Scazzero 2017, 56–57). Este enfoque es consistente con mirar dentro y escuchar su pasión, preguntándose: "¿Qué es lo que quiero hacer?"

La idea de un llamado hoy es mucho más amplia que un llamado eclesial (iglesia). Un llamado involucra la pasión que Dios pone en nuestros corazones para hacer lo que hacemos y ser quienes somos.

Mundo Arcoíris no es un mundo de conformidad. Todos son únicos, cada uno con su propia personalidad, estilo de baile, vestimenta y estilo únicos. Lo que hace que Mundo Arcoíris sea extraordinario es que hay aceptación y pertenencia en medio de la diversidad. Otra cosa que hace que Mundo Arcoíris sea increíble es que la variedad de personas y bailes aporta creatividad y belleza. Mundo Arcoíris es dinámico; se está moviendo, cambiando y constantemente produciendo novedad. Mundo Arcoíris siempre es fascinante. Puede hacer esto porque a cada bailarín se le otorga su personalidad única y su baile único. Este mundo de aceptación y pertenencia se forma en torno a personas únicas que tienen su propia manera de expresar el servicio, la aceptación y la pertenencia.

A través de su vocación cada persona está satisfaciendo las necesidades físicas y psíquicas de los demás. La gracia de Dios es lo que nos da a cada uno de nosotros la pasión y las habilidades internas para satisfacer las necesidades de los demás: esa es nuestra vocación. Una ventaja de nuestra vocación profesional es que nuestra vocación produce los ingresos que satisfacen nuestras necesidades.

Dones Espirituales

Además de dar forma a nuestra profesión, da forma a nuestra personalidad, nuestra identidad, es decir, lo que nos hace destacar y ser únicos. La personalidad se define como tener características únicas. La palabra se asocia con identidad y personalidad. Como dijo el obispo de Constantinopla, "encuentra la puerta de tu corazón", encuentra tu pasión y descubrirás quién eres (personalidad). Somos como somos porque queremos ser así. Para ser lo que agrada a Dios, nuestra esperanza está en que la gracia de Dios nos dé el deseo de ser quienes Dios quiere que seamos. Dios diseña nuestra identidad única para el beneficio de los demás. La gracia nos hace quienes somos.

Antes de continuar hablando sobre la personalidad, debemos tomarnos un momento para reflexionar sobre lo que el pecado le hace a la personalidad. El pecado no solo destruye la relación con los demás, sino que también destruye nuestra personalidad. La pasión del deseo humano, el egocentrismo, hace que uno pierda de vista quiénes somos y cuál es nuestro propósito. El egocentrismo, la amargura y el resentimiento resultantes distorsionan nuestra personalidad. La gracia de Dios, que busca hacernos únicos y aceptables como personas, es eclipsada por las pasiones de la naturaleza humana, haciéndonos deteriorados e inaceptables. Como resultado del pecado, nuestra condición de persona, es decir, nuestra personalidad y conducta, se vuelve ofensiva para los demás.

Durante muchos años ha habido talleres, libros y artículos sobre los dones espirituales. Una escuela de pensamiento en esta área ha explorado la relación entre la gracia y los dones espirituales. De hecho, los dones de gracia, o dones de motivación, son una escuela de pensamiento que existe desde hace décadas. Lo siguiente se basa en dos fuentes para explicar el concepto. Uno es un programa de discipulado diseñado por los Reverendos Brian y Micaiah Tanck, llamado *OptIN©*.[5] El otro es un libro de trabajo de Paul Ford (1998) llamado *Descubriendo Su Identidad Ministerial*. Hay muchos libros y artículos que enseñan dones motivacionales o de gracia.

Los expertos en dones motivacionales dividen los dones espirituales en tres categorías (a veces más de tres). 1 Corintios 12:4-6 explica las tres categorías diferentes. El versículo cuatro explica que hay una variedad de dones (*carismaton*). La raíz de

---

[5] OptIN© es un programa de discipulado financiado por la Fundación Eli Lilly. Un aspecto del programa es una sección en el libro de trabajo sobre dones de motivación. Los Tanck son graduados del Seminario Teológico de Princeton y pastores de la Iglesia Presbiteriana Cumberland de Scottsboro.

este término es *charis*, o "gracia". En el versículo cinco, Pablo dice que hay una variedad de servicios (*diakonion*). Y en el verso seis, hay una variedad de actividades (*energematon*). Estas son las tres categorías de dones espirituales. En resumen, hay diferentes dones de gracia, hay varias formas de servicio y hay diferentes manifestaciones. En aras de la visualización, piense en estas categorías como una bombilla. La energía que corre hacia la bombilla es la fuente de la pasión, el *charis*. La bombilla es el receptor de la pasión, el sirviente o el aparato eléctrico que satisface una necesidad. La luz que irradia es la energía o manifestación. La gracia es la fuerza detrás del sirviente, y las acciones que hacen son la manifestación.

El siguiente es un desglose de las tres categorías de dones:

- El primer grupo (o lista) de dones son los dones de servicio (*diakonion*). La iglesia impone las manos sobre las personas que Dios llama para un servicio en particular. Estos incluyen cosas como apóstoles, profetas, maestros y misioneros. La idea es que "Dios ha designado" (1 Corintios 12:28), y la iglesia reconoce a los designados (1 Timoteo 4:14). Diakonia significa servicio. En la escuela de dones motivacionales, la idea es que la iglesia aparta a las personas para el servicio al reconocer su llamado a ese servicio. A menudo, la iglesia llama a estas personas (dones de servicio) al frente de la congregación y reconoce su función o título.

- El siguiente grupo de dones son los dones de manifestación. Hay diferentes manifestaciones, de las que habla Pablo en 1 Corintios 12:7-11: lenguas, fe, milagros, profecía, discernimiento de espíritus, etc. Dios da manifestaciones de señales y prodigios que las personas expresan en el momento en que se necesita el don. Estos dones se conocen como señales y prodigios.

- Luego están los siete dones de motivación, los dones de gracia (*charis*). Pablo Ford (1998, 6) dice: "Cada uno de nosotros está literalmente 'graciado' con habilidades específicas llamadas dones espirituales". Como Brian y Micaiah Tanck (2020, sec. Skills, Week Three, p. 2) explican: "El *charis*, el don, que Dios nos da a cada uno de nosotros es diferente. Y *charis* da dos cosas. Dios nos da habilidades para la edificación del cuerpo. Pero el *charis* de Dios también nos da motivación. Por el Espíritu, Dios nos da nuevos deseos".

Los estudiantes del concepto de dones de motivación luego presentan los siete dones enumerados en Romanos 12:6-8:

> Tenemos dones diferentes, según la gracia que se nos ha dado. Si el don de alguien es el de profecía, que lo use en proporción con su fe; si es el de prestar un servicio, que lo preste; si es el de enseñar, que enseñe; si es el de animar a otros, que los anime; si es el de socorrer a los necesitados, que dé con generosidad; si es el de dirigir, que dirija con esmero; si es el de mostrar compasión, que lo haga con alegría.

Como explican los Tanck, nuestro don motivacional puede influir en nuestra personalidad, pero don y personalidad no son lo mismo. El don de gracia (motivación) que tienes es tu motor. Es la forma en que interactúas con el mundo que te rodea. Tu motivación no define tu profesión, pero ciertamente influye en cómo haces tu trabajo. Por ejemplo, el don de gracia de "maestro" no significa que esta persona sea profesionalmente un maestro (2020, sec. Skills, Week Three, p. 2). Hay una pasión única y definible que tiene cada uno de estos dones de gracia que se expresa de diferentes maneras e influenciada por la personalidad y la profesión de uno.

Los Siete Dones de la Gracia

La intención de compartir estos siete dones motivacionales no es realizar un taller sobre dones espirituales. La intención es mostrar cómo la gracia se ve tangiblemente en nuestras vidas, haciéndonos quienes somos. La belleza de la gracia es que se siente natural; es nuestra pasión, nuestra visión o deseo. Pero en realidad, no es natural. La gracia es Dios en nosotros, inspirándonos a hacer la voluntad de Dios. En el caso de los dones espirituales, la gracia nos guía a través de un motor en nosotros que inspira nuestro estilo único. La siguiente lista de dones de gracia y una breve explicación de cada uno le ayudarán a identificar cómo la gracia nos mueve a nuestra danza única.

El Profeta: El profeta es la persona dotada para proteger a la comunidad del pecado. Esta persona es como el discípulo Pedro, y son rápidos para hablar y hacer que las cosas suenen en blanco y negro. Se enfrentarán sin miedo al pecado, incluso exponiendo los pecados ocultos. Son la alarma contra incendios, ayudando a la comunidad a identificar el peligro. Un profeta es verbal, rápido para juzgar, sensible a las personas que no son honestas. Este regalo tiene un fuerte sentido del bien y del mal. Su motivación es decir la verdad y exponer la verdad para que todos sepan la verdad. Su deleite es ver a la gente llegar a la verdad y cambiar.

El Misericordioso: El don de ser misericordioso implica querer ayudar a los afligidos, estar con los marginados y ayudar a los que están en angustia emocional. El discípulo

Juan fue un consuelo para los que estaban atormentados, y fue sensible a las personas bajo estrés emocional. Se acercó a personas estresadas como Pedro e incluso Jesús. El sentido misericordioso del amor genuino. Son amigos cercanos leales. Lloran con los que lloran y se regocijan con los que se regocijan, y se enojan cuando alguien es maltratado. Las personas afligidas encuentran consuelo en la presencia del misericordioso. La motivación del misericordioso es traer paz a los atormentados. Su deleite es quitar lo que está causando nuestro dolor.

El Administrador: El administrador se centra en el grupo y sus objetivos. A este don le gusta descubrir lo que el grupo quiere hacer, luego establece una meta ambiciosa con planes. Luego, el administrador ayuda a los miembros del grupo a comprender su función y lograr el objetivo. Nehemías se dio cuenta de que los israelitas deseaban una ciudad segura. Anunció la meta, organizó los recursos, asignó responsabilidades y ayudó al grupo a construir los muros. Los administradores ven el panorama general. Dividen grandes proyectos en tareas más pequeñas y asignan responsabilidades. El administrador puede soportar las críticas y puede identificar obstáculos. Este don es sensible al buen uso del tiempo. La motivación del administrador es satisfacer las necesidades del grupo. Su deleite es hacer proyectos ambiciosos que bendicen a otros.

El Dador: El dador quiere compartir algo de valor con los demás con la esperanza de que cambie su vida para mejor. El dador es sensible a los recursos y entiende el valor de las cosas. Entienden el valor sentimental, así como los regalos que requieren un sacrificio para hacer. Los dadores trabajan duro y les gusta dar a los demás. Son selectivos al dar, esperando que el regalo tenga un impacto en el receptor. Esta persona quiere dar de manera tranquila. Dan regalos que tienen un efecto y que inspiran al receptor. José guardó grano y luego se lo dio a la gente cuando más lo necesitaban. También preparó en secreto obsequios elaborados para su familia, que cambiaron sus vidas. La motivación del dador es usar los regalos para mejorar vidas. Su deleite está en dar algo que tiene un impacto en el receptor.

El exhortador: El exhortador quiere alentar a las personas a ser todo lo que pueden ser. Quieren enseñar, asesorar y desafiar a las personas para que alcancen su máximo potencial. Muchos pastores son exhortadores; este regalo de gracia es perfecto para el servicio como pastor. Pablo quería llevar a otros a la plena madurez en Cristo. Pensaba que el sufrimiento y las dificultades eran valiosos y ayudaban a madurar. Este don comprende dónde se encuentran las personas en su camino de fe y puede desarrollar formas de ayudarlos a crecer en su fe. A los exhortadores les gusta liderar grupos pequeños y tener discusiones cara a cara. Este don entiende la importancia de la unidad del grupo cuando se trata de ayudar a las personas a madurar y crecer como personas. La motivación del exhortador es que las personas crezcan en su fe y maduren. Su deleite es planificar y guiar a las personas para que desarrollen todo su potencial.

El Maestro: El maestro quiere compartir la verdad. La verdad se deriva del estudio y la reflexión. Son buenos estudiantes, escuchan y cuando se exponen todos los hechos, hablan. El maestro puede ver detalles que otros pasan por alto. Esta persona es sistemática y organizada. Lucas es el Evangelio más largo y detallado de los cuatro Evangelios. El escritor de Lucas escribió Hechos, otro libro que tiene excelentes detalles. El escritor presenta ambos libros como relatos precisos de la vida de Jesús y la Iglesia primitiva (Lucas 1: 1-4, Hechos 1: 1-3). Este don es ferviente en su estudio y disfruta compartiendo con otros lo que aprendieron. La motivación del maestro es compartir la verdad que proviene del estudio y la observación. Su deleite es contarles a otros lo que han aprendido y ver nuevos conocimientos cambiar vidas.

El Siervo: El sirviente quiere satisfacer las necesidades prácticas de las personas que lo rodean. Son gente activa (trabajan) y son prácticos. Sacrificarán su tiempo, recursos y bienestar para ayudar a los demás. Donde hay necesidad, el siervo es un voluntario dispuesto.

Esta persona disfruta de la compañía de otras personas y solo quiere saber lo que necesitan. Martha era una persona ocupada que trataba de satisfacer las necesidades prácticas de quienes la rodeaban. Quería servir a Jesús cocinando y preparando la casa durante su visita. Jesús le dijo a Marta que se detuviera y escuchara porque él estaba allí para servirla. Los sirvientes son humildes y quieren atender las necesidades de los demás para que aquellos a quienes sirven puedan hacer las cosas más importantes. La motivación de un servidor es satisfacer necesidades prácticas y tangibles. Su deleite es ayudar a la gente a lograr sus metas. Todo lo que piden a cambio es gratitud.
(Tomado del libro de trabajo OptIn Tanck y Tanck, Brian 2020, sec. Habilidades)

Tal vez se reconoció en una de estas descripciones. Seguramente, reconoció a amigos o familiares. El énfasis del concepto del don de motivación es que el don que uno tiene es una expresión de la gracia de Dios. Este don es un motor, una pasión, la fuerza que guía la vida. Debajo de la personalidad, las normas culturales y la profesión de una persona está su motor, su don de gracia. Hay cosas que hace una persona que le dan alegría. La belleza del don de la gracia es que encontramos alegría al expresar nuestro don. Al maestro le encanta estudiar y puede encontrar alegría en el aislamiento. Al sirviente le encanta colaborar y ayudar y encuentra alegría en el trabajo. El misericordioso ama ser amigo de los que otros rechazan. Quieren estar con los oprimidos o mostrar lealtad a un amigo que se siente deprimido. El profeta no tiene miedo de proteger a los demás cuando sienten que algo no está bien.

Estos dones fluyen del corazón y no son forzados. Los dotados hacen lo que hacen de buena gana y con alegría. Es casi una respuesta automática. Por ejemplo, el administrador determinará la meta del grupo y diseñará un plan, incluso planes de contingencia, en caso de que el Plan A no funcione. Es su naturaleza, y no tienen que pensar mucho en ello. Simplemente saben hacerlo. Todos los dones de gracia son impulsados por la pasión, y los dotados encuentran alegría en lo que hacen.

Esta comprensión de los dones únicos muestra el poder y la belleza de la diversidad. El grupo puede recurrir al maestro para estudiar la situación, sabiendo que el maestro está preparado para disfrutar de la investigación y los detalles. El grupo puede llamar al sirviente para que se ocupe de las necesidades prácticas, entendiendo que el sirviente está programado para disfrutar del servicio práctico. El grupo puede llamar al profeta para discernir si otros están tratando de manipular al grupo, sabiendo que el profeta es muy sensible y quiere hacer sonar la alarma para proteger al grupo.

Es útil conocer nuestro don y entender ese don en el contexto de otros dones. A menudo, las áreas de conflicto se encuentran cuando una persona se siente frustrada porque otra persona no funciona o percibe el mundo como él o ella. ¿Por qué los demás no tienen la misma pasión que yo tengo? El maestro pregunta: "¿Por qué el sirviente no puede sentarse y estudiar?" El profeta pregunta: "¿Por qué el administrador pasa por alto los defectos de carácter de aquellos a quienes utiliza para ayudar a construir el muro?" El misericordioso pregunta: "¿Por qué el exhortador empuja a la gente hasta que se sienten frustrados y resentidos?" Todos los regalos tienen excesos y necesitan equilibrio. La comunidad, el cuerpo, ayuda a que cada don maximice los beneficios y minimice el uso egoísta del don. Nuestra pasión, nuestros dones de gracia, están diseñados para ser usados en comunidad. Encontramos alegría al expresar nuestro don. Y necesitamos los otros dones. Encontramos unidad cuando cada uno usa nuestro don de la gracia para hacer lo que Dios nos ha llamado a hacer en servicio a nuestra comunidad. En todos los casos, nuestro regalo es para los demás, no para nosotros mismos.

Gracia y Disciplina

El teólogo alemán Dietrich Bonhoeffer (1995, 259) explicó que el bautismo inicia el camino del discipulado. El Espíritu Santo entra en nuestra vida y hace visible nuestra salvación. Cambiamos y la gente nos ve cambiar. Decir que somos discípulos sin cambios visibles en nuestras vidas, dijo Bonhoeffer, es engañoso (Bonhoeffer 1995, 47). La gracia nos da la pasión de conformarnos a la imagen de Cristo. Brian Tanck, el director de OptIN, cree que la mayoría de los cristianos tienen la pasión impulsada por la gracia para cambiar, es decir, para ser más de lo que son. Su reto es saber cambiar. La gracia les da hambre de cambio, pero a menudo las iglesias no les brindan las herramientas que necesitan para cambiar. Por ejemplo, Tanck señala que hay muchos cristianos que saben que deben orar y quieren orar, pero no tienen idea de cómo orar. Un sermón sobre el Padrenuestro no es suficiente. El programa de renovación congregacional OptIN presenta una nueva metodología de aprendizaje. Está impulsado por la gracia, pero en lugar de usar un salón de clases y un modelo de aprendizaje de conferencias, OptIN usa un modelo de aprendizaje de escuela de oficios (Tanck, Brian 2021). Si uno quiere aprender a orar (gracia), desarrolla las habilidades que necesita para orar aprendiendo los fundamentos, practicando a través de la repetición y luego haciéndolo.

Una escuela de comercio es donde uno aprende a ser plomero, mecánico, electricista, reparador de refrigeración, soldador y otras profesiones prácticas. Estas personas son técnicos; tienen habilidades técnicas. En una escuela de oficios uno construye habilidades haciendo. Aprenden los fundamentos y desarrollan esas habilidades hasta que son capaces de realizar tareas complejas. Un plomero comienza aprendiendo a unir tuberías; terminan sabiendo cómo poner baños y cocinas, instalando todo un sistema de agua y alcantarillado en una casa. La metodología de aprendizaje y enseñanza de una escuela de oficios tiene algo de teoría, pero la mayor parte del aprendizaje es mediante la práctica guiada y la repetición. OptIN utiliza pequeños grupos multigeneracionales como salón de clases. Animan a las familias a unirse al grupo pequeño.

La suposición de OptIN es que los cristianos quieren vivir la vida cristiana, reconociendo así el poder motivador de la gracia. Esas habilidades se desarrollan mejor mediante la práctica en un grupo pequeño y diverso. Sin habilidades para conectarse con la pasión de uno, él o ella se siente frustrado y puede volverse apático. Muchas iglesias tienen personas que han estado en la iglesia por años y no tienen habilidades. No pueden orar, enseñar, compartir su historia de fe, hablar sobre su comunidad de fe o explicarle a otra persona una historia bíblica. Este es un caso de tener pasión y no discipulado. Eventualmente uno se contenta con sentarse y escuchar. Tienen el deseo de estar en la iglesia, pero pocas habilidades para hacer algo más.

La suposición de OptIN (Tanck, Brian 2021) es que los cristianos quieren vivir la vida cristiana, reconociendo así el poder motivador de la gracia. Esas habilidades se desarrollan mejor mediante la práctica en un grupo pequeño y diverso. Sin habilidades para conectarse con la pasión de uno, él o ella se siente frustrado y puede volverse apático. Muchas iglesias tienen personas que han estado en la iglesia por años y no tienen habilidades. No pueden orar, enseñar, compartir su historia de fe, hablar sobre su comunidad de fe o explicarle a otra persona una historia bíblica. Este es un caso de tener pasión y no discipulado. Eventualmente uno se contenta con sentarse y escuchar. Tienen el deseo de estar en la iglesia, pero pocas habilidades para hacer algo más.

Por ejemplo, ¿y si aprendiéramos a orar siguiendo los pasos de una bailarina? Primero, necesitamos practicar los fundamentos de cualquier habilidad de oración que estemos tratando de desarrollar. Digamos que queremos enseñar a orar en público. Los fundamentos son hablar, hablar a un grupo, tener un esquema de lo que se va a decir y, como resultado, hablar de forma espontánea. El trabajo de la barra de valet sería así: *"Juan, ¿te pones de pie y nos hablas de tu padre o de tu madre en tres minutos? Cuéntenos qué hicieron, por qué estás agradecido referente a ellos, qué necesidades satisficieron ellos en su vida y qué desearías haber hecho mejor como su hijo o hija. Tienes tres minutos para pensarlo, luego levántate y cuéntanos sobre tus padres. Juan, solo di lo que te venga a la mente"*. Juan tiene un esquema, y va a hablar pública y espontáneamente de uno de sus padres.

El siguiente paso es el trabajo central. El trabajo central podría verse así: un entrenador podría guiar a Juan a través de una serie de preguntas relacionadas con la oración. ¿A quién le estás orando? ¿De qué estas agradecido? ¿Cuáles son los errores que cometemos que nos hacen sentir mal? ¿Qué necesitamos? Después de las preguntas, el entrenador coloca a Juan en el escenario y le pide que ponga esas respuestas en una oración y ore ante un grupo pequeño. El entrenador está a su lado, ayudándolo si falla en su desempeño.

OptIN comienza con la suposición de que Dios da gracia al corazón del creyente, y ellos desean realizarla. Lo que falta son las habilidades. El enfoque OptIN considera todas las disciplinas cristianas como habilidades que se pueden aprender a través de una progresión que comienza con los fundamentos y culmina con el desempeño.

Una gran clave para aprender nuevas habilidades implica fallar. Cada persona que quiera aprender nuevas habilidades debe entender que tomar riesgos y fallar es cómo se aprende en la escuela de oficios. Siempre hay un montón de errores en la esquina. Nuestros primeros esfuerzos conducen a resultados rústicos y modestos. Establecemos metas, practicamos habilidades y fallamos y aprendemos. Si todos entendemos que fallar es aceptable e incluso alentador, entonces aprenderemos nuevas habilidades. La toma de riesgos se celebra porque lleva a la humildad y produce la gracia de Dios, que nos apasiona.

La gracia es la energía que necesitamos para seguir el discipulado. Necesitamos un mentor, un entrenador y gracia para aprender nuevos comportamientos y nuevas habilidades. Es fácil de aprender cuando uno es entusiasta. La gracia trae el entusiasmo. El Reino de Dios es relacional; aprendemos a través de las relaciones. Los líderes cristianos nos presentan las habilidades que necesitamos para cambiar. OptIN ilustra una forma en que esto puede suceder. Podemos aprender habilidades construyendo desde los fundamentos hasta el desempeño.

La pregunta para los líderes cristianos es ¿cuáles son las habilidades que necesitan los cristianos? En el caso de OptIN, el programa identifica cinco categorías de habilidades: ser seguidor de Cristo, oración, contar nuestra historia de fe, servir a nuestra iglesia y ser buenos vecinos. OptIN cree que es la gracia lo que les da a los cristianos la voluntad de desarrollar habilidades y la energía para implementar esas habilidades. El aspecto interesante de OptIN es que comienza con una teología de la gracia como se describe en este libro, y desarrolla habilidades cristianas en torno a esa teología (Tanck and Tanck, Brian 2020, sec. Skills).[6]

La Gracia y la Voluntad de Dios Para Nuestras Vidas

Si la gracia puede guiarnos en nuestra vocación, ayudarnos a expresar nuestros dones espirituales e inspirarnos a aprender habilidades, ¿puede la gracia también guiarnos en la toma de decisiones? El sitio web de Wycliffe Bible Translators guía a los cristianos a discernir la voluntad de Dios. Wycliffe es una organización misionera especializada que capacita y despliega traductores de la Biblia en todo el mundo. De acuerdo con muchos otros libros, blogs y artículos sobre el discernimiento de la voluntad de Dios, el sitio web de Wycliffe presenta un proceso de varios pasos para descubrir la voluntad de Dios. El artículo web destaca siete principios para discernir la voluntad de Dios, y son los siguientes: sumérgete en la Biblia, entrega tu propia voluntad, ora, mira tus circunstancias, pide consejo, pide sabiduría a Dios y luego actúa (Paredes 2015).

La mayor parte de la guía para determinar la voluntad de Dios cae en estas líneas de Wycliffe. Estos son principios sólidos. Sin embargo, cuando se hace la pregunta, ¿debería tomar este trabajo? ¿O debo ser misionero en este país o en aquel otro? ¿O debería casarme con esta persona? ¿O debo comprar esta casa? Puede ser que estos principios se queden cortos. El artículo de Wycliffe concluye diciéndole a la persona que busca la voluntad

---

[6] Los conceptos de OptIN se tomaron de una conferencia de OptIN (Tanck and Tanck, Brian 2020) y del manual de OptIN.

de Dios que haga la voluntad de Dios. En cierto modo, los siete consejos terminan donde empezaron. ¿Cómo sabemos la voluntad de Dios para lo que debemos hacer? Respuesta: Solo haz la voluntad de Dios. Los principios no son lo suficientemente específicos para dar una dirección precisa. Aparte de un versículo claro de la Biblia, una voz del cielo o un mandato claro de alguien con quien hablamos sobre lo que debemos hacer, ninguno de los consejos es terriblemente específico. No están equivocados; simplemente no van lo suficientemente lejos.

El dilema de conocer la voluntad de Dios nos lleva a la gracia. Después de realizar los pasos anteriores, hay uno más, y puede ser el paso más fácil. ¿Qué es lo que quieres hacer? ¿Qué pasa si Dios te da la necesidad, el deseo, de hacer lo que Dios quiere? La gracia es una fuerza vibrante del Espíritu de Dios que impacta todas las partes de nuestra vida. Así como la gravedad nos sujeta a la tierra y hace que el agua caiga de la jarra a nuestro vaso, así también, la gracia está en todas partes y siempre obrando. Está tan "en todas partes" que lo pasamos por alto. Pero cuando la necesitamos, la gracia está allí para salvarnos, santificarnos, equiparnos para el servicio y darnos la dirección de Dios.

Hay veces que simplemente no sabemos lo que queremos hacer. Conocemos las opciones que tenemos ante nosotros, pero no tenemos un deseo claro por una u otra opción. En ese caso, más que orar por sabiduría, necesitamos orar por gracia. Dios dame la gracia de saber lo que debo hacer. Pablo termina todas sus cartas diciendo: "La gracia esté con vosotros". Desafortunadamente, muchos interpretan esa declaración como "amor". Claramente no es amor. Paul no está terminando estilísticamente sus cartas diciendo: "Con amor, Paul". En 2 Corintios 13:14, Pablo dice: "Que la gracia del Señor Jesucristo, el amor de Dios y la comunión del Espíritu Santo sean con todos ustedes". Estas son tres cosas diferentes: gracia, amor y compañerismo. Solo algunas de las cartas de Pablo terminan hablando del amor. Sin embargo, todos terminan deseando la gracia. Pablo frecuentemente llama a la gracia para guiar a los creyentes en estas diferentes ciudades e iglesias.

Al hablar de su llamado a ser apóstol y la obra que realizó, que incluía sufrir penalidades, Pablo dijo: "Pero por la gracia de Dios soy lo que soy, y su gracia que él me concedió no fue infructuosa. Al contrario, he trabajado con más tesón que todos ellos, aunque no yo, sino la gracia de Dios que está conmigo. En fin, ya sea que se trate de mí o de ellos, esto es lo que predicamos, y esto es lo que ustedes han creído" (1 Corintios 15:10-11). Lo que llamó a Pablo al apostolado fue la gracia, y lo que dirigió su ministerio también fue la gracia. Concluyó todas sus cartas con la acusación de que ellos también reciben la gracia. La gracia de Dios los llevaría a donde Dios quería que estuvieran.

No hay nada más refrescante que conocer la voluntad de Dios. Después de orar, leer las Escrituras, hablar con amigos de confianza y observar las situaciones, sabemos lo que Dios quiere que hagamos si hay un fuerte sentimiento de hacer algo. Cuando Dios nos da el "querer", lo seguimos. ¿Qué es lo que quieres hacer?

El Problema del Orgullo y Conocer la Voluntad de Dios

Tal vez alguien ya está preguntando: "¿Deberíamos seguir todos nuestros deseos? ¿Deberíamos simplemente hacer lo que queramos hacer todo el tiempo?" La respuesta es sí y no. Teólogos como Agustín, Tomás de Aquino, Calvino, Lutero y otros advierten sobre seguir nuestros deseos humanos. La pregunta entonces es cómo uno separa sus deseos carnales de la gracia de Dios. La gracia mueve a uno hacia la voluntad de Dios y los deseos humanos al egocentrismo. ¿Cómo seguimos la pasión de la gracia y no las pasiones de la lujuria, la avaricia, la envidia, la gula o la codicia? Todos son deseos. Seguir los deseos correctos es complicado porque la gracia está tan incrustada en nuestros corazones que se siente como nuestra voluntad, pasión o deseo. ¿Cómo sabe uno que su pasión es la gracia y no sólo sus propios deseos humanos y egoístas?

Tomás de Aquino comienza su discusión sobre los deseos humanos y la gracia con el problema del orgullo. En el Jardín del Edén no había ni orgullo ni egoísmo. Gracia era todo lo que había. Adán y Eva se movieron por la vida, siempre deseando lo que Dios deseaba (Aquinas 1991, 403). Pero el orgullo volvió a enfocar a Adán y Eva, y cada uno de ellos se convirtió en el centro de su vida. No estaban enfocados en Dios, ni siquiera entre ellos, sino en ellos mismos. Su deseo era para ellos mismos. La chispa que los inició en el pecado fue codiciar el poder y la sabiduría de Dios. Querían ser como Dios. Querían saber lo que Dios sabía. Este deseo produjo orgullo. Adán y Eva decidieron que sus deseos eran más importantes que lo que Dios quería (Génesis 3:5).

Desde la perspectiva de Tomás de Aquino, el orgullo es el vehículo de todos nuestros pecados, y la codicia es la chispa que enciende el orgullo (Aquinas 1991, 348, 413). Tomás de Aquino profundiza en el orgullo, explicando que el orgullo se produce a partir de un deseo básico, que es la codicia. Una vez que el orgullo florece, ignora a Dios. El orgullo es el caballo que carga todos los pecados sobre su lomo, pero la codicia es el látigo que hace andar al caballo. Adán y Eva codiciaron la sabiduría y el poder de Dios. El orgullo entonces apartó a Dios del camino para que Adán y Eva pudieran cumplir sus deseos humanos. Poco después, el orgullo comenzó a sacar a todos del camino para que nadie se interpusiera. Caín mató a Abel porque quería lo que Abel tenía:

aceptación. Como explicó C.S. Lewis (2001, 122): "El orgullo es el estado mental completo anti-Dios."

Dios combate el pecado usando la misma arma que usa el pecado. Los deseos humanos son destructivos, egoístas y siniestros, y son la ruina de la humanidad. El pecado falsifica la gracia al dar deseos que resultan en deshonra a Dios y son destructivos para la humanidad. La gracia construye relaciones y comunidad; el orgullo destruye las relaciones y la comunidad. La gracia de Dios es un torrente de nuevos deseos de honrar a Dios y vivir en buenas relaciones con los demás. La gracia viene de la humildad; pecado, por orgullo. La gracia viene de la entrega; pecado, por codicia. La gracia produce la glorificación de Dios y el honor de los demás, y el pecado, la glorificación de uno mismo. Estas realidades nos dan una manera de saber la diferencia entre nuestros deseos. Solo hay dos clasificaciones de deseos: egoístas y desinteresados. El egoísmo produce conflicto y separación, y el desinterés produce relaciones y comunidad.

Pablo señala la guerra interna que todos los cristianos soportan. La gracia va a la guerra contra nuestros deseos humanos. "Porque en lo íntimo de mi ser me deleito en la ley de Dios; pero me doy cuenta de que en los miembros de mi cuerpo hay otra ley, que es la ley del pecado. Esta ley lucha contra la ley de mi mente, y me tiene cautivo" (Romanos 7:22-23). Tomás de Aquino explicó que no tenemos que ser controlados por nuestra naturaleza inferior (los deseos humanos). Señaló Génesis 4:7, donde Caín contempla el asesinato de su hermano Abel. Dios dice: "el pecado te acecha, como una fiera lista para atraparte. No obstante, tú puedes dominarlo" (Aquinas 1991, 384). No somos esclavos de nuestra naturaleza inferior; la gracia puede gobernar sobre los deseos humanos. Caín asesinó a su hermano, pero la pasión por el asesinato no era imbatible. ¿El asesinato es desinteresado o egoísta? Como explica C.S. Lewis (2001, 178): "La vida natural en cada uno de nosotros es algo egocéntrico, algo que quiere ser mimado y admirado, para aprovecharse de la vida de los demás, para explotar todo el universo."

Al unir la intención de la gracia con los pasos para conocer la voluntad de Dios, uno puede ver un camino para discernir la voluntad de Dios para cosas específicas. ¿Qué deseos son de Dios y qué deseos son de nuestra naturaleza humana y peligrosos? No hay duda de que Caín quería matar a Abel, entonces, ¿era esa la voluntad de Dios?

La piedad se encuentra en la humildad y la entrega. La piedad se encuentra en honrar a Dios y no a uno mismo. La piedad se expresa en el servicio a los demás en oposición al egoísmo. Caín era codicioso. Quería el reconocimiento que Dios le dio a su hermano. El orgullo siempre nos inspira a quitar a los que tienen lo que queremos. Si no podemos ser felices con lo que tenemos, ¿por qué pensamos que seremos felices con lo que codiciamos? Este entendimiento era el punto de Tomás de Aquino; la codicia es la chispa que detona el orgullo. Lo que Caín quería estaba basado en los celos de su hermano. El desafío de Dios a Caín fue que se tomara un momento y pensara en lo que quería hacer y por qué lo estaba haciendo.

Siguiendo los Pasos y Usando la Gracia Para Saber Que Hacer

Una de las salvaguardas para evitar los deseos humanos destructivos es usar nuestra mente. El sitio web de Wycliffe habla sobre la importancia de comprender las propias circunstancias y tener sabiduría al tomar decisiones (Paredes 2015). Preguntar a otras personas sabias y de confianza acerca de sus puntos de vista es complementario a la adquisición de sabiduría. Agustín (2007,

82) explica que ser virtuoso requiere que uno use su mente. La mente puede controlar la carne.

En Génesis 4, Dios desafió a Caín a pensar. No fue difícil para Caín pensar en el dolor y las consecuencias que tendría matar a su hermano. ¿Caín pensó que matar a su hermano era desinteresado y que este acto mejoraría las relaciones y construiría una comunidad? Incluso los más ingenuos saben la respuesta. Obviamente, cuando Caín decidió matar a su hermano, tuvo que dejar de pensar.

Nuestro intelecto nos ayuda a evitar deseos peligrosos y egoístas. Todos los humanos tienen una mente, y la mayoría puede usarla para detener las pasiones destructivas y dañinas. La humanidad, tanto religiosa como no religiosa, comprende que satisfacer ciertas pasiones solo conducirá a la destrucción y al dolor. Se nos da una mente para mirar las circunstancias y analizar la situación para evitar que sigamos deseos destructivos. Dios nos dio mentes para razonar lo que debemos hacer. En el caso de los cristianos, no solo tenemos una mente, sino que tenemos el beneficio adicional de la gracia. Siempre hay un suave empujón en nuestros corazones cuando llegamos a una encrucijada para elegir el camino desinteresado.

Otra salvaguardia disponible para los cristianos son las Escrituras. La Biblia proporciona información sobre qué deseos son dañinos. La Biblia habla del deseo de la lujuria, y luego da detalles sobre la sexualidad responsable. La Biblia habla de los peligros de la ira, la ansiedad y la venganza. Muchas escrituras brindan orientación sobre los deseos relacionados con la codicia y la explotación. La Biblia proporciona conceptos que ayudan a determinar cuáles son los límites en lo que respecta a los deseos humanos. Todos estos conceptos son consistentes con la humildad, el honrar a Dios y la preocupación por los demás en la comunidad.

A menudo se hace referencia a la oración como una de las formas más importantes de determinar la dirección de Dios. Cuando uno está tratando de evaluar la dirección de Dios, la idea es orar por un entendimiento mental claro que valide lo que se debe hacer. Algunos oran por una zarza ardiente y la voz de Dios para expresar claramente la voluntad de Dios. Pero cuando esto no sucede, ¿qué sigue?

Las cartas de Pablo nos recuerdan la importancia de la gracia. Como solía hacer Pablo en sus cartas, oró para que sus colaboradores en Cristo recibieran gracia. Nuestra oración es que Dios nos dé dirección tocando nuestros corazones, dándonos una pasión. "Señor, lléname con tu gracia". Oramos para que Dios nos proteja de la tentación de nuestra naturaleza humana. La contramedida a los deseos naturales es la gracia. La gracia florece de la humildad. Cuando oramos por gracia, oramos para que Dios nos dé pasión por lo que Dios quiere de nosotros.

"¿Qué tengo que hacer?" Piensa en tu situación y circunstancias. Reúna las ideas de otros para ayudar a comprender mejor la situación. Reflexione sobre las Escrituras y los conceptos que se enseñan en la Biblia. Estos pasos nos ayudan a establecer vallas y acorralar nuestros deseos naturales. Profesamos de nuevo nuestro compromiso de entrega a Dios. Entonces oramos por la gracia de Dios. Dios en nosotros guiándonos requiere que busquemos nuestro corazón y sigamos la pasión. La gracia salva, la gracia santifica y la gracia nos guía. ¿Qué es lo que quieres hacer? Existe una buena posibilidad de que, si ha verificado todas las salvaguardas anteriores, su "deseo" es el deseo de Dios.

Mundo Arcoíris es un mundo, no un salón de baile. Es un mundo de calles, familias, pueblos, negocios, escuelas y comunidades. Es un mundo de relaciones y de decisiones diarias. Y es un mundo cuyos ciudadanos desean bailar. Tienen sus propios estilos y cualidades únicas. Su danza dada por Dios es una danza que produce aceptación y pertenencia. Siempre existe la tentación de dejar de bailar y hacer las propias cosas egoístas. Como resultado, hay momentos en los que uno debe reflexionar sobre sus pasiones. ¿Están esas pasiones fuera de las expectativas de Dios? Uno debe tomar decisiones sobre dónde ir o qué hacer en Mundo Arcoíris. El deseo de bailar, que es de Dios, siempre se revelará. La pasión interna que hace que cada uno baile lo lleva por los caminos de Mundo Arcoíris a donde debe estar, bailando sobre la marcha.

8. Las Escrituras a la Luz de la Gracia: El Manual del Bailarín

Estamos en un nuevo pacto que potencia la transformación.

El Nuevo Testamento presenta la idea del pacto de gracia. Este pacto es un nuevo enfoque para la salvación. El Antiguo Testamento anunciaba la esperanza de una alianza que llevaría a la reconciliación con Dios y la comunidad. El Nuevo Testamento explica cómo es el pacto de gracia. Haremos referencia a diferentes versículos de la Biblia para ver cómo se explican estas ideas. Veremos versículos que los teólogos citan para explicar la gracia. Muchos de estos versículos son los más conocidos que hablan de la gracia. Estos versos son un manual de baile.

La Gracia

Filipenses 2:12-13 — *"Así que, mis queridos hermanos, como han obedecido siempre —no solo en mi presencia, sino mucho más ahora en mi ausencia— lleven a cabo su salvación con temor y temblor, [13] pues Dios es quien produce en ustedes tanto el querer como el hacer para que se cumpla su buena voluntad."*

Aunque la palabra gracia no aparece en este versículo, históricamente este texto ha sido usado para definir la gracia. Los protestantes desarrollaron la *Confesión de Fe de Westminster* a mediados del siglo XVII. Refleja la teología de la Reforma temprana, así como el concepto clásico agustiniano de la gracia. Cuando se habla de la gracia, la Confesión hace referencia a Filipenses 2:12-13, diciendo: "Cuando Dios convierte a un pecador y lo transpone al estado de gracia, lo libera de su esclavitud natural bajo el pecado y, solo por su gracia, lo capacita para querer y hacer libremente lo que es espiritualmente bueno" (*Westminister Confession of Faith* 1647, ch. 9, sec. 4). La gracia es un poder sanador. Este versículo explica que hay una fuerza sanadora que cambia los deseos y da habilidades a los creyentes y los capacita para agradar a Dios. Gracia, es Dios haciendo dos cosas: haciéndonos dispuestos (deseo) y capaces (obra) para hacer el beneplácito de Dios (versículo 13). El versículo anterior (12) explica que debemos reconocer que la gracia es un río que fluye dinámico y forma nuestra salvación. A través de la gracia, nos estamos convirtiendo en lo que agrada a Dios. Agustín (2010, ch. 32) declaró: "Es cierto que somos nosotros los que actuamos cuando actuamos; pero es Él quien nos hace actuar, aplicando poder eficaz a nuestra voluntad."

Hebreos 10:29 — *"¿Cuánto mayor castigo piensan ustedes que merece el que ha pisoteado al Hijo de Dios, que ha profanado la sangre del pacto por la cual había sido santificado, y que ha insultado al Espíritu de la gracia?"*

Rechazar a Jesucristo es perder la gracia de Dios. En pocas palabras, la gracia es del Espíritu y está ligada a la fe en Cristo. Jesús explicó a sus discípulos en Juan 14 que Dios enviaría al Consolador, el Espíritu, y el Espíritu enseñaría y guiaría (Juan 14:16, 26, 16:13). La gracia en Jesús, y él estaba lleno de gracia, fue compartida con los seguidores de Cristo a través del Espíritu.

A través de Cristo, los creyentes reciben el Espíritu, y el Espíritu los llena con la gracia de Dios. El receptor de la gracia encuentra placentero agradar a Dios. Así, la gracia transforma a uno por nuevas motivaciones del corazón para asumir la naturaleza de Dios. Este entendimiento es por qué es tan importante que el Espíritu venga. El Espíritu da gracia al seguidor de Cristo.

La Gracia Profetizada

Deuteronomio 30:6 — *"El Señor tu Dios quitará lo pagano que haya en tu corazón y en el de tus descendientes, para que lo ames con todo tu corazón y con toda tu alma, y así tengas vida."*

Hacia el final del Pentateuco (los primeros cinco libros de la Biblia), el escritor explica que la verdadera circuncisión es un corazón cambiado que quiere amar al Señor. Después de dar cientos de leyes de Dios para que la humanidad las siga, el rayo de esperanza es que Dios puede cambiar el corazón de uno, y el nuevo corazón lo gobernará. Entonces, dice el profeta, "podréis vivir". Juan Wesley (2013, 280) declaró, al hablar de la circuncisión del corazón, que la circuncisión es "un estado recto del alma, una mente y un espíritu renovados a la imagen de Aquel que lo creó". El Antiguo Testamento dice que viene una nueva forma de circuncisión (Jeremías 4:3-4), y esta circuncisión no es una señal exterior sino un poder interior que cambia el corazón. Pablo hace referencia a esta profecía del Antiguo Testamento en su carta a los Romanos. Él dijo: "La circuncisión es un asunto del corazón, por el Espíritu, no por la letra" (Romanos 2:29). El corazón nuevo está motivado por la gracia para cumplir las expectativas de Dios.

Ezequiel 36:26-27 — *"Les daré un nuevo corazón, y les infundiré un espíritu nuevo; les quitaré ese corazón de piedra que ahora tienen, y les pondré un corazón de carne. Infundiré mi Espíritu en ustedes, y haré que sigan mis preceptos y obedezcan mis leyes."*

El profeta Ezequiel le dijo a Israel que vendría un nuevo día. Y cuando lo hiciera, tendrían corazones nuevos y un espíritu nuevo. El viejo corazón de piedra endurecido sería reemplazado por un corazón sensible de carne. Y debido al Espíritu de Dios en sus corazones sensibles, querrían cumplir con las expectativas de Dios. Caminarían en las leyes de Dios y obedecerían. Agustín notó dos dinámicas en estos versículos: Dios da un corazón nuevo, y Dios nos hace caminar (hacer). "Él da lo que manda cuando le ayuda a obedecer a quien manda"(Augustine 2010, ch. 31). Agustín continúa, explicando que la gracia crece en el corazón del creyente y lo hace capaz de cumplir los estatutos y reglas de Dios. La gracia implica un cambio de la voluntad. "Y así, en verdad, recibe ayuda para realizar lo que se le ordena" (2010, ch. 31).

En el Nuevo Testamento, en Hebreos 8, el escritor explica el nuevo pacto en Jesucristo. Los cristianos se refieren a este nuevo pacto como el pacto de gracia. El escritor hace referencia a versículos que se encuentran en Jeremías 31:31-24, que hablan del nuevo pacto que haría Dios, el cual cambiaria los corazones. El pacto de gracia cumple la ley en el sentido de que hace que el creyente esté dispuesto y sea capaz de satisfacer la ley. Jesús explicó que la ley no era lo que proclamaban los fariseos y saduceos: "Después de esto, Jesús dijo a la gente y a sus discípulos: «Los maestros de la ley y los fariseos tienen la responsabilidad de interpretar a Moisés. Así que ustedes deben obedecerlos y hacer todo lo que les digan. Pero no hagan lo que hacen ellos, porque no practican lo que predican" (Mateo 23:1-3). Jesús concluyó su queja contra los fariseos diciendo: "El más importante entre ustedes será siervo de los demás. Porque el que a sí mismo se enaltece será humillado, y el que se humilla será enaltecido" (Mateo 23:11-12).

Jeremías profetiza que la ley de Dios será puesta en el corazón de las personas. El escritor del Nuevo Testamento luego declara:

Hebreos 8:10 — *"Este es el pacto que después de aquel tiempo haré con la casa de Israel —dice el Señor—: Pondré mis leyes en su mente y las escribiré en su corazón. Yo seré su Dios, y ellos serán mi pueblo."*

Los protestantes, especialmente aquellos en el ámbito de la teología reformada, hablan del pacto de gracia. La idea es que los seguidores de Dios ya no están bajo un pacto de ley sino bajo un pacto de gracia. El pacto de la ley definió las expectativas de Dios. Fue a través de la obligación y el miedo al castigo que la humanidad pudo obedecer y realizar la comunidad. Estos versículos muestran que el pacto de gracia es una forma diferente de formar una comunidad. A través de un corazón nuevo, tenemos la capacidad de cambiar. Ya no estamos bajo la ley, condenados como transgresores de la ley. Antes de la gracia, la ley era externa; no estaba en nuestros corazones. La ley era una cuestión de obligación. Ahora estamos en un nuevo pacto que empodera la transformación y la capacidad de vivir como Dios espera. Por gracia, la ley ahora es interna. La gracia cambia el corazón. Las expectativas de Dios sobre cómo debemos vivir no son obligaciones; son delicias.

Fe y Gracia

Efesios 2:8-10 — *"Porque por gracia ustedes han sido salvados mediante la fe; esto no procede de ustedes, sino que es el regalo de Dios, no por obras, para que nadie se jacte. Porque somos hechura de Dios, creados en Cristo Jesús para buenas obras, las cuales Dios dispuso de antemano a fin de que las pongamos en práctica."*

Este versículo es probablemente el más citado en relación con la salvación, la fe y la gracia. Por gracia, somos salvos por medio de la fe. Estos dos versículos de Efesios 2 hacen un trabajo asombroso al mostrar la dinámica de la gracia con respecto a la salvación. La gracia es la locomotora que produce nuestra salvación, y la fe es cuando nos sentamos en el tren. A través de la fe en Jesucristo, abordamos el tren. Nos sentamos en el asiento del ingeniero. Sin embargo, es Dios quien nos lleva. La fuerza que transforma al pecador es la gracia, la locomotora. Pablo explica que la fuerza no es nuestra fuerza. La gracia nos lleva a donde Dios quiere que vayamos. Podemos decir que nos rendimos por fe y subimos al tren, pero si debemos jactarnos de nuestras vidas cambiadas, debemos jactarnos de lo que está haciendo la locomotora.

La gracia es un poder sanador y transformador. Produce un apetito por la piedad y por honrar a Dios. Nadie puede jactarse de sus obras piadosas o de su pasión por Dios. Es Dios en nosotros haciéndonos dispuestos y capaces de hacer lo que hacemos. Cuando se citan estos versículos, la gente se detiene al final del versículo 9, perdiendo así el punto. Dios nos crea para buenas obras, y estamos capacitados para hacerlas por un regalo: la gracia de Dios. "El propósito y fin de la conversión, regeneración, justificación y reconciliación es una transformación dramática de las buenas obras" (G. R. Lewis and Demarest 1996, bks. 3, 164).

Sospecho que la razón por la que Pablo nos recuerda que no son nuestras obras es porque se siente como nuestras obras. Nuestra voluntad, nuestros deseos han cambiado y, como resultado, nos deleitamos en el lugar al que nos dirigimos. La dirección del tren y nuestra pasión se han convertido en uno. Donde Dios nos está llevando es a donde queremos ir. Se siente como si estuviéramos conduciendo el tren, pero como nos recuerda Pablo, es Dios. Dios ha puesto las vías para llevarnos a donde Dios quiere, que vamos. Dios nos ha dado deleite en el lugar al que vamos al llenar nuestros corazones con una pasión por las cosas que agradan a Dios. A medida que expresamos piedad, debemos reconocer que no somos nosotros, sino la gracia de Dios en nosotros la que nos hace quienes somos.

Ni Agustín ni Juan Calvino estarían totalmente de acuerdo con la explicación anterior de la fe y la gracia. Ambos estarían de acuerdo en que toda buena obra proviene de la gracia. Sin embargo, no separarían la fe de la gracia. Agustín explicó: "Por tanto, de Él tenemos la justicia, de quien procede también la fe misma" (Augustine 2010, 25). Él estaba diciendo que la gracia es el origen de la fe. En este caso, incluso el deseo de subir al tren (fe) es un deseo de Dios. El líder protestante Juan Wesley no estaría de acuerdo, explicando que todos tienen la libertad de decidir si quieren subirse al tren (arrepentimiento y fe). Para Wesley, el tren está en la estación y la puerta está abierta. Todo lo que los pecadores deben hacer es rendirse y subir al tren. Una vez en el tren, la gracia lleva al creyente a una nueva vida.

Tito 3:7 — *"Así lo hizo para que, justificados por su gracia, llegáramos a ser herederos que abrigan la esperanza de recibir la vida eterna."*

Una vez que expresamos fe y recibimos la gracia, somos empoderados por la gracia. Dios en nosotros, empujando nuestra voluntad hacia la piedad, nos da la esperanza de la vida eterna. Nuestra seguridad de la herencia se debe a que la gracia nos atrae. Somos justificados, no por la perfección, sino por la nueva pasión que tenemos de buscar a Dios y la piedad. Estar en el tren es nuestra salvación, y la pasión por agradar a Dios nos asegura nuestro futuro destino.

Jesús, Lleno de Gracia

Juan 1:14, 16, 17 — *"Y el Verbo se hizo hombre y habitó[a] entre nosotros. Y hemos contemplado su gloria, la gloria que corresponde al Hijo unigénito del Padre, lleno de gracia y de verdad.... De su plenitud todos hemos recibido gracia sobre gracia, pues la ley fue dada por medio de Moisés, mientras que la gracia y la verdad nos han llegado por medio de Jesucristo."*

Jesús era la Palabra y lleno de pasión. Agustín (2007, 266) explicó que Jesús no se hizo carne, sino que la Palabra se hizo visible al revestirse de carne. Jesús deseaba cumplir la voluntad de Dios y honrar a Dios como hombre. Este deseo era tan generalizado que Jesús, vestido de carne y lleno de gracia, era uno con Dios. Con respecto a la unidad, el Evangelio de Juan explica, en el capítulo 17:2, que, así como el Padre está en Jesús, Jesús está en sus discípulos.

Conocer a Jesús es conocer el corazón de Dios. Jesús es la Palabra, llena del conocimiento de Dios y consciente del plan de redención de Dios. Lo que Jesús fue, lo compartió con la humanidad. ¿Cómo? Jesús estaba lleno de gracia y de verdad. Por la fe en Cristo y teniendo la experiencia de la gracia, podemos conocer la verdad. La gracia de Jesús se da a la humanidad. Esto es lo que significa tener a Cristo en nuestro corazón, tener una relación. Las pasiones de Cristo son dadas a sus discípulos. Estas pasiones revelan la naturaleza de Dios y la mente de Dios. Calvino observa que el Espíritu de Dios, una unción (entusiasmo) y la fuente de la gracia, es lo que Cristo comparte con sus seguidores. El Espíritu descendió sobre Cristo en su bautismo, una unción (resultando en pasión). Esta unción dada por el Espíritu a Cristo es compartida con la humanidad; Así, como Calvino (1509, bks. 2, 130) explicó, vemos gracia a gracia. Jesús, lleno de gracia, dio gracia a sus seguidores.

El Espíritu empodera a la humanidad para cumplir la voluntad de Dios, vivir como Cristo y honrar a Dios. Así, la ley dada por Moisés, diseñada para glorificar a Dios, fue revelada por la vida y las palabras de Jesucristo. Una vez más, Calvino (1509, bks. 2, 130) observa que la ley "sirve para mostrar más claramente cuán grande era su utilidad antes del advenimiento de Cristo, quien, mientras abolió el uso, selló su fuerza y efecto con su muerte". El deseo y la capacidad de cumplir la ley de Moisés fue posible gracias a la gracia. La ley y la gracia no son dos caminos diferentes hacia Dios. Son complementarios entre sí. La gracia y la verdad de Jesús es el camino para entender y cumplir la ley de Moisés. Sin embargo, la ley ahora se cumple por la pasión de agradar a Dios. Por gracia ya no vivimos bajo la obligación de obedecer cada detalle de la ley levítica. Por la gracia de Cristo, los cristianos se apasionan por honrar y servir a Dios, así como a los demás. Así se cumple el propósito de la ley.

Los Actos Poderosos de la Gracia

Hechos 4:33 — *"Los apóstoles, a su vez, con gran poder seguían dando testimonio de la resurrección del Señor Jesús. La gracia de Dios se derramaba abundantemente sobre todos ellos."*

Hechos 6:8 — *"Esteban, hombre lleno de la gracia y del poder de Dios, hacía grandes prodigios y señales milagrosas entre el pueblo."*

Hechos 14:26 — *"De Atalía navegaron a Antioquía, donde se los había encomendado a la gracia de Dios para la obra que ya habían realizado."*

La gracia da a los cristianos la necesidad y la capacidad de hacer la voluntad de Dios. Las señales y prodigios vistos en la vida de los apóstoles fueron el resultado de la gracia de Dios. La pasión por predicar a Cristo, sabiendo que los que escuchaban estaban enojados, fue el poder de la gracia en la vida de Esteban. Incluso los mártires, expresando el amor de Dios, estaban dispuestos a morir por los demás. Agustín (2010, ch. 33) atribuyó este nivel de sacrificio a la gracia de Dios. Esteban predicó por la gracia; tan poderoso fue su efecto que su pasión por el evangelio superó su amor por su seguridad.

Cuando los apóstoles impusieron las manos sobre los enfermos, estaban motivados por un deseo dentro de sus corazones que los movía a actuar. Dios inspiró sus acciones y Dios manifestó el poder de Dios. Cuando los apóstoles fueron a nuevos pueblos y tierras, fue la gracia lo que los movió. Siguieron la gracia, y la gracia los sacó de sus iglesias y los llevó a ciudades donde no había cristianos. Pablo explica en Romanos 15:20 que estaba deseoso de predicar el evangelio en lugares donde nadie más había predicado. Sin embargo, en Efesios 2, Pablo explica claramente que no era él, sino el afán de Dios que estaba experimentando como si fuera su afán. La gracia llevó a los cristianos a nuevas tierras y los equipó con las habilidades que necesitaban para revelar el amor y el poder de Dios.

Gracia y Humildad

2 Corintios 12:9 — *"pero él me dijo: «Te basta con mi gracia, pues mi poder se perfecciona en la debilidad». Por lo tanto, gustosamente haré más bien alarde de mis debilidades, para que permanezca sobre mí el poder de Cristo."*

Santiago 4:5-6 — *"¿O creen que la Escritura dice en vano que Dios ama celosamente al espíritu que hizo morar en nosotros? Pero él nos da mayor ayuda con su gracia. Por eso dice la Escritura: «Dios se opone a los orgullosos, pero da gracia a los humildes»."*

En los versículos anteriores, Pablo se refirió a su aguijón en la carne. Dijo que su aguijón le fue dado por Satanás. Pero lo que Satanás pretendía hacer daño se convirtió en un beneficio. Primero, dijo Pablo, el aguijón evitó que "se envaneciera". En segundo lugar, como revela el versículo anterior, se convirtió en una fuente de gracia y poder. Su aguijón en la carne humilló a Pablo, y este desafío produjo más pasión por Dios y manifestaciones más notables de Dios.

Santiago explica que Dios puso su Espíritu en el corazón de hombres y mujeres. Dios, a través del Espíritu de Dios, da gracia. Y la puerta que hay que abrir para recibir la gracia de Dios es la humildad. Santiago concluye su declaración sobre la gracia desafiando a quienes lo rodean a "someterse" a Dios. Si uno quiere que su voluntad se incline hacia la voluntad de Dios, debe rendirse, lo cual es un acto de humildad.

Calvino (1509, bk. 2, ch. 2, sec 11) afirmó que el primer principio de la fe es la humildad. Luego añadió que el segundo y tercer principio de la fe eran también la humildad. Solo nos apoyamos en la misericordia y la gracia de Dios, no en nada de lo que hacemos. Lo que somos es perdón, expresión de la misericordia de Dios. Lo que llegamos a ser es santo, una expresión de la gracia de Dios. Como demostraron los fariseos, su pasión era proclamar su piedad y obtener la glorificación de los demás (ver Mateo 23). Uno sabe que se glorifican a sí mismos cuando aplauden su propia piedad y logros. Así, el orgullo cierra la puerta a la gracia.

Los soberbios se quedan con lo que tienen, que es muy poco. La humildad abre la puerta a la gracia de Dios, dándonos más de lo que nunca tuvimos o pudimos imaginar. A través de la humildad, nuestra voluntad corre hacia Dios, y somos infundidos con nuevas habilidades dadas por Dios para cumplir el llamado de Dios en nuestra vida. Como Pablo determinó, por las dificultades, la humildad y la gracia, el poder transformador de Dios descansó sobre él.

Gracia y Rectitud

Romanos 5:17-21 — *"Pues, si por la transgresión de un solo hombre reinó la muerte, con mayor razón los que reciben en abundancia la gracia y el don de la justicia reinarán en vida por medio de un solo hombre, Jesucristo. Por tanto, así como una sola transgresión causó la condenación de todos, también un solo acto de justicia produjo la justificación que da vida a todos. Porque así como por la desobediencia de uno solo muchos fueron constituidos pecadores, también por la obediencia de uno solo muchos serán constituidos justos. En lo que atañe a la ley, esta intervino para que aumentara la transgresión. Pero, allí donde abundó el pecado, sobreabundó la gracia, a fin de que, así como reinó el pecado en la muerte, reine también la gracia que nos trae justificación y vida eterna por medio de Jesucristo nuestro Señor."*

Juan Calvino, haciendo referencia a Agustín, explicó que la ley (las expectativas de Dios para la humanidad) informó a la humanidad de su culpabilidad. La ley y la culpa resultante revelaron la intención de Dios. Si Dios tuviera la intención de destruir al pecador, no habría conciencia de culpa, solo destrucción. La ley aumentó el aguijón del pecado. La ley definía y caracterizaba el pecado, produciendo culpa. La ley no creó el pecado. Lo reveló como una luz que ilumina una plaga de ratas. Dios tiene la intención de transformar al pecador arrepentido al revelar primero sus pecados. Pero Dios no se detiene con la ley y la revelación del pecado; Dios se propone transformar al pecador. Calvino (1509, bk. 2, ch. 7, sec. 7) explicó que aquí es donde entra la gracia. Si no hubiera gracia, entonces todo lo que se necesita es que la ley convenza y mate. La culpa que sentimos define lo que necesita cambiar. La gracia es la solución a las expectativas de Dios, y la ley revela esas expectativas, y la gracia viene en nuestra ayuda, concedida por la misericordia de Dios.

Romans 1:5-6 — *"Through whom we have received grace and apostleship to bring about the obedience of faith for the sake of his name among all the nations, including you who are called to belong to Jesus Christ."*

Calvino (1509, bk. 2, ch. 3, sec. 13), citando a Agustín, explicó que la obediencia a Dios era consecuencia de la gracia: "El Señor atrae a los hombres por su propia voluntad; testamentos, sin embargo, que él mismo ha producido." Calvino (1509, bk. 2, ch. 3, sec. 13) explicó que la gracia produce en el corazón la decisión de hacer el bien que hacemos. Calvino concluyó que la única forma en que uno decide ser obediente a Dios es por la gracia, que es una nueva voluntad de obedecer que ha producido la gracia.

Cristo explica su obediencia a su Padre ("no hago nada por mi propia cuenta"), y luego llama a sus seguidores a ser obedientes ("manténganse fieles a mi palabra") (Juan 8:28-32). El llamamiento de Cristo se hace en el contexto de la gracia. La obediencia no se basa en seguir un código de conducta externo e impersonal. Se basa en una ley que Dios ha puesto en nuestros corazones. Es personal y es de corazón. Obediencia es también seguir el llamado y propósito que Dios tiene para nuestra vida. La obediencia ya no es seguir leyes externas forzando nuestra voluntad a obedecer; es seguir pasiones internas que nos dan placer.

La desobediencia produce pasiones que conducen al pecado y a la separación de Dios, lo que resulta en la muerte. Pero la gracia de Dios produce obediencia a través de las pasiones y luego las obras que evidencian nuestro deseo de justicia. El cambio en el corazón, en nuestro apetito, conduce a conexiones relacionales y a la vida eterna. La gracia conquista el dominio del pecado sobre el pecador, haciendo que el deseo de piedad sea más potente que el deseo de pecar. Hay una guerra de deseos dentro del corazón del cristiano, pero la gracia abunda. Santo Tomás de Aquino (1991, 592) afirma: "Por el don de Cristo se le devolvió más al hombre de lo que había perdido por el pecado de Adán". Encontrar un placer duradero en la obediencia a Dios es muy superior a vivir de acuerdo con nuestras pasiones humanas y destructivas, que dan un placer superficial y fugaz.

Romanos 6:1-2 — *"¿Qué concluiremos? ¿Vamos a persistir en el pecado para que la gracia abunde? ² ¡De ninguna manera! Nosotros, que hemos muerto al pecado, ¿cómo podemos seguir viviendo en él?"*

La perfección no es la meta; es dominio. ¿Tiene el pecado autoridad para gobernar o la gracia tiene autoridad para gobernar? Esta pregunta está relacionada con la voluntad, con quién controla nuestra voluntad, es decir, nuestros deseos. La obediencia no produce una vida sin pecado; produce una vida con dirección. Hay una guerra en curso y se ganan batallas, lo que demuestra que hay vida en nosotros. La gracia finalmente tiene más autoridad que el pecado, y la gracia abunda. La enfermedad es mayor que la salud, pero la cura es mayor que la enfermedad. El pecado aprisionó a la humanidad en el egoísmo, pero la gracia sana el corazón de la humanidad y da a luz un nuevo corazón que desea la obediencia a Dios. Nuestra obediencia refleja el desinterés y el honor y la alabanza de los demás. Este corazón cambiado de pasión, a pesar de nuestras obras imperfectas, es el camino a la vida eterna. Nuestra salvación está en un nuevo corazón nacido por gracia que desea agradar a Dios. Por la gracia, nuestra voluntad se vuelve hacia Dios. De ninguna manera continuamos en el dominio del pecado. La gracia es un nuevo soberano de nuestra voluntad, disponiéndonos a la justicia. Nuestra libertad en Cristo es libertad real. La gracia dentro de nuestros corazones cambia nuestra voluntad para que quiera lo que Dios quiere. ¿Qué podemos decir entonces? Como seguidores de Cristo, ¿continuamos en pecado? ¡No! La gracia doblega nuestra voluntad para que libre y voluntariamente busquemos honrar y agradar a Dios.

Gracia y Obras

1 Corintios 3:10 — *"Según la gracia que Dios me ha dado, yo, como maestro constructor, eché los cimientos, y otro construye sobre ellos. Pero cada uno tenga cuidado de cómo construye."*

1 Corintios 15:10 — *"Pero por la gracia de Dios soy lo que soy, y la gracia que él me concedió no fue infructuosa. Al contrario, he trabajado con más tesón que todos ellos, aunque no yo, sino la gracia de Dios que está conmigo."*

2 Corintios 9:8 — *"Y Dios puede hacer que toda gracia abunde para ustedes, de manera que siempre, en toda circunstancia, tengan todo lo necesario, y toda buena obra abunde en ustedes."*

En 1 Corintios 3, Pablo presenta la idea de trabajar juntos. Explica que Dios le dio gracia y, como resultado de la gracia de Dios, él (Pablo) construyó un fundamento sólido. Luego describe cómo otros se unieron al esfuerzo y construyeron sobre lo que Pablo había hecho. Cada persona jugó su papel en la obra de Dios. Cada persona es inspirada por la gracia para hacer lo que hace, y el trabajo de cada persona se basa en lo que Dios está construyendo. Dios está construyendo un Reino que trasciende todos los demás Reinos.

Calvino notó que la gracia fue la razón por la que Pablo trabajó para Cristo. Basándose en Agustín para ampliar su idea, Calvino (1509, bk. 2, ch. 3, sec 13) explicó que la gracia hizo que los que no querían quisieran. Y como el seguidor de Cristo quiere lo que Dios quiere, su trabajo no es en vano. El trabajo realizado es el trabajo que Dios desea que se haga. Nuestro trabajo no puede ser en vano porque es el plan de Dios. El creyente está haciendo voluntariamente lo que hace. Dios en ellos les proporciona el deseo y la capacidad de cumplir el plan de Dios. El plan de Dios es expansivo, más grande que cualquier generación o cultura. Por gracia, cada persona, cada generación, cada cultura cumple su parte.

El no cristiano a menudo asume que la única forma en que los cristianos dan voluntariamente su dinero a la iglesia u otros ministerios cristianos es que son forzados. El no creyente no ha experimentado la gracia, por lo que solo puede imaginar que los actos de sacrificio están obligados. En la mente del no creyente, dar pone al feligrés en una situación dolorosa; deben dar a regañadientes. Es difícil para los no cristianos imaginar a una persona regalando su dinero con la consistencia de un diezmo y que no sea una obligación. Dar consistentemente para un no creyente es como hacer pagos de una gran deuda o pagar impuestos. Hay poca alegría en eso.

¿Por qué las personas que no son ricas regalan tanto de su dinero? Debe ser que son de mente simple, o están siendo manipulados. Pablo explicó que cada persona que da debe hacerlo de corazón. No deben dar por compulsión sino con un corazón alegre. Luego Pablo habla de la gracia en 2 Corintios 9:8. Debido a que la gracia abunda, siempre estamos contentos con todo lo que tenemos. Damos nuestro tiempo y recursos con alegría porque nos sentimos confiados en el cuidado de Dios y queremos dar. Nuestras buenas obras de dar están motivadas por la gracia. No hay mayor alegría en dar que cuando uno da con un corazón dispuesto y alegre.

Efesios 3:7-8 — *"De este evangelio llegué a ser servidor. Este fue el regalo que Dios me dio por su gracia, conforme a su poder eficaz. Aunque soy el más insignificante de todos los santos, recibí esta gracia de predicar a las naciones las incalculables riquezas de Cristo."*

Pablo entiende perfectamente el origen de su llamado a predicar y evangelizar a los gentiles. Puede predicar porque Dios le dio el deseo de predicar. La gracia es una expresión del poder de Dios. Cuando la gracia nos guía cambiando nuestra voluntad y dándonos habilidades, la gracia entonces demuestra poder a través de nosotros. Pablo califica el poder de la gracia explicando que él no era un santo digno. Todos conocemos el pasado de Paul; era un asesino de santos. A pesar de ser el último en la línea, en cuanto a la santidad, se le dio la gracia. La pasión que Dios le dio a Pablo fue por las personas que casi todos los demás cristianos de ese día pasaron por alto. Pablo estaba apasionado y equipado por Dios para alcanzar a los gentiles. Los muchos viajes misioneros de Pablo, y las muchas señales y prodigios que realizó, fueron el resultado de la gracia que lo guio y le dio poder para ejercer el ministerio. Pablo hizo voluntariamente lo que Dios quería que hiciera.

2 Timoteo 1:8-9 — *"Así que no te avergüences de dar testimonio de nuestro Señor, ni tampoco de mí, que por su causa soy prisionero. Al contrario, tú también, con el poder de Dios, debes soportar sufrimientos por el evangelio. Pues Dios nos salvó y nos llamó a una vida santa, no por nuestras propias obras, sino por su propia determinación y gracia. Nos concedió este favor en Cristo Jesús antes del comienzo del tiempo."*

Agustín entendió la gracia y el llamado de Dios como un esfuerzo conjunto. Los cristianos no están solos en sus obras. Son llamados, lo que implica una sociedad con Dios. Pablo no merecía la salvación, pero por el llamado de Dios y la gracia dada a Pablo, Pablo se hizo colaborador de Dios (Augustine 2010, ch. 12).

Dios nos salva y nos llama a trabajar. Estamos llamados a cumplir el propósito de Dios a través de la gracia. En los versículos anteriores de 2 Timoteo 1:9, Pablo habla de su encarcelamiento y sufrimiento. Sus penalidades son su santo llamado a sufrir, incluso a ser encarcelado. Este duro trabajo no es un trabajo pesado para

Pablo, ni siquiera el sufrimiento y el encarcelamiento. La gracia llevó a Pablo a profesar su fe, predicar y sufrir prisión.

2 Tesalonicenses 2:16 — *"Que nuestro Señor Jesucristo mismo y Dios nuestro Padre, que nos amó y por su gracia nos dio consuelo eterno y una buena esperanza."*

La gracia nos da consuelo y esperanza. Cuando sufrimos en nuestro trabajo por Dios, la gracia nos sostiene. A pesar del sufrimiento, continuamos con la "voluntad" de servir a Dios. Como ilustró Esteban ("hombre lleno de gracia", Hechos 6:8), la gracia vence al sufrimiento, incluso si ese sufrimiento lleva al martirio.

Tito 3:5-8 — *"él nos salvó, no por nuestras propias obras de justicia, sino por su misericordia. Nos salvó mediante el lavamiento de la regeneración y de la renovación por el Espíritu Santo, el cual fue derramado abundantemente sobre nosotros por medio de Jesucristo nuestro Salvador. Así lo hizo para que, justificados por su gracia, llegáramos a ser herederos que abrigan la esperanza de recibir la vida eterna. Este mensaje es digno de confianza, y quiero que lo recalques, para que los que han creído en Dios se empeñen en hacer buenas obras. Esto es excelente y provechoso para todos."*

Las obras son parte de nuestra salvación. Sin embargo, nuestras obras no son nuestro logro, y nuestra justicia no se debe a nuestros logros y esfuerzos. Por la fe en Cristo y la regeneración del Espíritu Santo, somos justificados por la gracia. Tito 3 no dice que somos justificados por la fe. La fe en Cristo abre la puerta. La gracia entra en nuestros corazones y hace la obra de justificación. La gracia nos hace simplemente cambiando nuestras pasiones. Los que hemos creído, por la fe en Cristo, podemos dedicarnos a las buenas obras. No somos nosotros los que hacemos las obras. Es la gracia que nos inspira a hacer buenas obras. La pasión, la voluntad de hacer buenas obras, a pesar de las imperfecciones de nuestras obras y nuestra batalla con los deseos humanos, resulta en la aceptación de Dios. Somos herederos con Jesucristo porque tenemos corazones dispuestos a buscar la santidad.

Estos versículos ilustran por qué muchos cristianos están confundidos acerca de las obras y la salvación. El versículo 5 dice que las obras no nos salvan. Luego, en el versículo 8, dice que nos dediquemos a las buenas obras. La comprensión de la gracia explica la diferencia. Las obras que son de la gracia de Dios conducen a la justificación. Solo tiene sentido que, si la gracia es Dios en nosotros, haciendo que nuestra voluntad haga el placer de Dios, la dirección de nuestras obras es hacia Dios. Sin embargo, si lo que hacemos no está dirigido por la gracia, entonces estamos siguiendo nuestros deseos humanos. Por qué hacemos lo que hacemos es importante. Si el "por qué" es la gracia de Dios en nosotros que nos mueve a trabajar, entonces ese trabajo no es en vano; que el trabajo importa. Estamos haciendo el trabajo de Dios y, debido a la gracia, amamos el trabajo que hacemos.

Sin embargo, algunas personas hacen buenas obras con motivos equivocados. Sus obras se realizan para controlar a otros, obtener beneficio personal y ganar notoriedad. Mira la historia de Hechos 5:1-11. Ananías y Safira fueron generosos, pero fue por ganancia personal y fama. Fueron confrontados por su engaño y cayeron muertos como castigo divino. La pasión detrás de nuestras obras determina el mérito de nuestras obras. Si la pasión es de la gracia, nuestras obras tienen mérito. Si la pasión es de los deseos humanos, siempre egoístas, entonces esas obras son en vano.

Gracia Humana – Las Obras Importan

Efesios 4:29 — *"Eviten toda conversación obscena. Por el contrario, que sus palabras contribuyan a la necesaria edificación y sean de bendición para quienes escuchan."*

 El capítulo 1 explicó el origen de la palabra gracia. La gracia se basa en la idea de una persona que responde a un regalo o acto especial sintiendo deleite o favor hacia el dador. Su deleite se llama gracia. La gracia generada por el ser humano es un sentimiento de motivación por el bien de otra persona por lo que ha hecho. Este sentimiento de deleite fue el origen de la palabra griega *charis*.

 Pablo, en Efesios 4, habló sobre la ira, la amargura, la calumnia y la malicia. Advirtió a los cristianos que las actitudes y las palabras eran importantes. Los cristianos no quieren decepcionar a Dios con palabras y acciones corruptas. Luego dijo que se dijeron cosas agradables unos a otros, que fueran amables y se perdonaran unos a otros, porque esto "puede dar gracia a los que escuchan". Esta idea lleva la gracia a sus raíces seculares. Hay cosas que podemos hacer y decir que hacen que la gente sienta cariño por nosotros. La amabilidad puede hacer que los demás se deleiten. Podemos encontrar favor a los ojos de alguien por la forma en que los tratamos. Están motivados para respondernos de manera positiva por lo que decimos o hacemos. Les gustamos porque tienen un deseo en su corazón de agradarles, un deseo producido por algo que hicimos por ellos.

 La gracia de Dios para nosotros es un río rugiente. La gracia de Dios puede ser puesta sobrenaturalmente en nuestros corazones por la fe en Cristo. La gracia que damos a los demás, la gracia humana, no es algo que podamos poner milagrosamente en el corazón de alguien. Tampoco es el rugiente fuego transformador que Dios pone en nuestros corazones. Sin embargo, hay cosas que podemos hacer que causen gracia en los demás. Por nuestras palabras y acciones, podemos sacar la gracia humana de los corazones de quienes nos rodean. A través de la generosidad, la hospitalidad, la compasión y la bondad hacia los demás, una persona puede sentir deleite; pueden sentir favor hacia nosotros. Por supuesto, esta es la gracia generada por el hombre, pero como explicó Pablo, puede "edificar" nuestras relaciones.

El Enemigo de la Gracia

Hebreos 12:14-15 — *"Busquen la paz con todos, y la santidad, sin la cual nadie verá al Señor. Asegúrense de que nadie deje de alcanzar la gracia de Dios; de que ninguna raíz amarga brote y cause dificultades y corrompa a muchos."*

El enemigo de la gracia no es la duda; es la amargura. La amargura es como una raíz; corre profundamente en el corazón y se mantiene firme. La amargura involucra las noches de insomnio de revivir una injusticia. La energía emocional de la amargura es tan intensa que mientras uno está amargado, el efecto de la gracia se detiene. Si uno está herido y amargado por algo que sucedió, es difícil ser movido por la gracia. Nuestra amargura aprisiona la gracia, y una de las consecuencias es la incapacidad de seguir la pasión de Dios, que nos conduce. La pasión que Dios pone en el corazón queda sepultada bajo el peso del resentimiento. Este resentimiento es una de las razones por las que el perdón es tan importante: nos libera de la amargura. Una vez libres, podemos sentir la gracia (pasión) que nos mueve en la dirección que Dios quiere llevarnos. Además, la santidad (una vida santa) y la paz son formas en que otros pueden ver la presencia de Dios en nuestras vidas. Así, dice el escritor de Hebreos, luchad por la paz.

9. Conclusión: Quiero ~~Cambiar~~ Bailar

Los físicos a menudo especulan sobre lo que existía antes del Big Bang y lo que sucedió inmediatamente después del Big Bang. De la misma manera, los teólogos especulan sobre Dios antes de la creación y el comportamiento y la libertad de la humanidad en el Jardín del Edén. Antes de la creación, Dios estaba lleno de gracia. La gracia, un don de Dios, fue entonces dada a los recién creados. Una vez que el pecado entró en la creación, Dios se mantuvo firme: la gracia fue la solución. Gracias a Agustín, comprendemos mejor cómo la gracia puede ser una fuerza de cambio. No somos impotentes o sin esperanza en nuestros pecados. Por gracia, los que no sabíamos bailar podemos bailar.

Gracia, una Fuerza desde la Creación

Mundo Arcoíris existía antes de que existieran los arcoíris. El Jardín del Edén era el mundo perfecto. Adán y Eva bailaron. Bailaron con Dios. Estaban llenos de gracia. Como resultado de la gracia de Dios en ellos, que es la naturaleza misma de Dios, vivieron en una comunidad perfecta. Dios había creado una comunidad a imagen de Dios (Génesis 1:26-27). Dios, una comunidad del Padre, Hijo y Espíritu, plenamente enamorados unos de otros, hizo el Jardín del Edén a la imagen de Dios. Dios bailó, y la creación de Dios bailó. Adán y Eva se aceptaron y se honraron mutuamente. No tenían vergüenza, no avergonzaban a nadie y disfrutaban juntos de la creación. Estaban en comunión. Adán y Eva vivieron de esta manera porque querían y querían vivir de esta manera. Estaban llenos de gracia, y sus deseos corrían hacia Dios y hacia los demás. Siguieron su voluntad y fueron libres. En el Jardín del Edén, su voluntad y la voluntad de Dios eran las mismas. Amaron y agradaron a Dios libre y gozosamente, bailaron.

El pecado vino de la tentación. No fue idea de Eva ni de Adán desobedecer a Dios. Pero fue su decisión hacerlo. Satanás les explicó que podían tener más de lo que tenían. Adán y Eva codiciaron; querían saber lo que Dios sabe. Se sintieron insatisfechos con quienes eran y querían más. Para hacer esto, tenían que sacar a Dios del camino. Desobedecieron a Dios, haciendo lo único que Dios les pidió que no hicieran. El orgullo les dio la confianza para hacer lo que les agradaba. Nacieron los deseos humanos, y la gracia por la que habían vivido fue vencida. En lugar de la gracia, vivieron por sus deseos humanos. Los deseos humanos llenaron el vacío dejado cuando la gracia se fue. Ya no querían bailar.

Las generaciones que siguieron a Adán y Eva se dieron cuenta de que estaban rotas. El conflicto y el dolor creados por el pecado hicieron que el pecado fuera obvio. Puede que no lo hayan visto en sí mismos, pero ciertamente vieron el pecado en otros. Todos somos justos a nuestros propios ojos. La consecuencia del pecado es la tendencia a relacionarse con los demás con motivos egoístas, lo que resulta en deshonestidad, manipulación, conflicto, amargura y separación. La relación de la humanidad con Dios se rompió, y la ruptura se extendió a todos los que la rodeaban. El quebrantamiento se expresó como conflicto, infidelidad, abuso, guerra, ira y crueldad. Como consecuencia del pecado, hubo dolor y sufrimiento.

Lamentablemente, el egoísmo es un enfoque obsesivo y singular, y es un deseo de uno mismo y de autogratificación. Todos los demás en nuestra vida se convierten en herramientas para nuestra autorrealización. Debido al egocentrismo, nunca encontramos una satisfacción duradera. Experimentamos miedos, conflictos y aislamiento. Lamentablemente, el egoísmo nos tiene prisioneros. Nuestros deseos humanos nos aprisionan y nos aíslan. A nadie le gusta sufrir, y cuando sufrimos en soledad, duele aún más.

Adán y Eva construyeron nuestra prisión, que era esta: queremos lo que queremos. "¡Miserable de mí! ¿Quién me librará de este cuerpo de muerte?" (Romanos 7:24). ¿Cómo podemos cambiar? ¿Cómo podemos escapar de nuestra prisión y bailar de nuevo? ¿Cómo podemos encontrar aceptación, pertenencia, libertad y alegría?

El pecado había destruido tanto a la humanidad que Dios envió la ley de Dios al mundo para explicar cómo eran la "rectitud" y la "justicia". Los deseos humanos habían alejado a la humanidad de la justicia. La humanidad tenía poca idea de lo que implicaba vivir correctamente. El pecado llevó a la humanidad al umbral de la aniquilación (ver Génesis 6). La humanidad necesitaba una guía para definir la justicia. Dios, a través de Abraham, los israelitas y Moisés, le mostró a la humanidad cómo era la rectitud. Pablo explicó, "…más bien, mediante la ley cobramos conciencia del pecado" (Romanos 3:20). Pablo dijo más tarde: "Sin embargo, si no fuera por la ley, no me habría dado cuenta de lo que es el pecado. Por ejemplo, nunca habría sabido yo lo que es codiciar si la ley no hubiera dicho: «No codicies»" (Romanos 7:7). La ley no era suficiente. Un video sobre cómo se veía el baile no era bailar. saber cómo era el baile no significaba que uno quisiera bailar: "pero me doy cuenta de que en los miembros de mi cuerpo hay otra ley, que es la ley del pecado. Esta ley lucha contra la ley de mi mente, y me tiene cautivo" (Romanos 7:23). A pesar de tener la ley para guiarnos sobre la vida correcta, no éramos libres. Éramos esclavos del egoísmo. ¿Alguna vez seríamos libres para bailar?

Para que el cambio sea real, la voluntad de una persona tiene que cambiar. Si la voluntad no se cambia, una persona aún puede hacer cosas "correctas", pero vuelve a su naturaleza anterior tan pronto como está libre de la obligación. La falta de voluntad para cambiar fue el defecto de la ley del Antiguo Testamento. Uno puede legalizar la rectitud y forzar la rectitud, pero es inadecuado. La ley tiene que ser aplicada en un corazón indispuesto. La obligación era lo mejor que podía hacer la ley; la rectitud era obligatoria. La ley fija límites y penas. Si no bailabas, eras castigado. El resultado fue que uno bailaba y odiaba bailar. Cuando uno no encuentra placer en bailar, se detendrán. Este enfoque no era una forma de vivir y prosperar en la vida.

La solución era ser feliz en la santidad. Uno necesitaba querer ser santo. La respuesta de Dios fue enviar al Hijo de Dios, el cual hizo varias cosas importantes. Primero, Jesús estaba lleno de gracia. Jesús, plenamente Dios, voluntariamente se hizo hombre y caminó entre la humanidad. Por su obediencia a su Padre, mostró humildad. Era compasivo, sabio y sufrido. Incluso se permitió ser humillado en la cruz y morir como un criminal rechazado. Su sufrimiento probó que era manso y lleno de gracia. Quería agradar a Dios más que nada, más que a la vida misma; esa era su alegría.

Segundo, Dios resucitó a Jesús de entre los muertos. Una vez que Jesús resucitó de entre los muertos, cualquiera que honrara a Jesús era honrado por su Padre. A través de la fe en Cristo, reconociendo lo que Jesús hizo y quién era, Dios nos honró. Al amar y adorar a Jesús, Dios nos aceptó como uno de sus hijos.

Tercero, la fe en Jesús resultó en recibir el Espíritu Santo. El Espíritu es la fuente de la gracia. El Espíritu de Dios es el Espíritu de Cristo. Una vez que nos humillamos y entregamos nuestras vidas a Jesucristo, estamos llenos de la gracia de Dios. Hay una explosión dotada por Dios (el Espíritu de Dios) de nuevos deseos y habilidades para agradar a Dios. La santidad se convierte en pasión y alegría. Se restauran las herramientas que necesitamos para construir una comunidad.

Lo que Dios encuentra atractivo en el creyente no es la perfección sino el hambre de perfección. Es como el bailarín entusiasta e inexperto que sólo quiere aprender a bailar. Él o ella no es tan coordinado; bailan mal. Pero su entusiasmo por el baile es tan contagioso que el instructor de baile los ama. Piense en el rey David en el Antiguo Testamento. Era una persona tan imperfecta, pero entusiasta por Dios. David era un bailarín terrible, pero pocos han sido más entusiastas. Dios ve el "querer" más que la calidad de la danza, y Dios acepta al creyente basado en su fe y pasión, no tanto en su perfección. La gracia obra su encanto, y nuestro deseo de adoración y santidad hace que Dios se vuelva querido por nosotros, los pecadores. Somos salvos por la fe en Cristo; a través de la gracia, nos convertimos en bailarines entusiastas.

Dios no nos va a dejar como bailarines inadecuados. La gracia continúa su obra en nuestras vidas. Una vez que venimos a Cristo y experimentamos un torrente inicial de gracia, es decir, energía para la santidad, continuamos experimentando la gracia. La gracia comienza a moldearnos en lo que Dios quiere que seamos. La gracia es una fuerza curativa e inspira virtudes. La gracia inspira dones. La gracia inspira habilidades para vivir vidas santas. La gracia inspira nuestra vocación y da forma a lo que Dios quiere que seamos. La gracia nos cambia. Nuestra voluntad se inclina hacia la voluntad de Dios y, a través de la gracia, encontramos gozo en lo que hacemos. Vivir por gracia es un gozo tal que voluntariamente sufrimos por Cristo. La gracia es la libertad que viene de seguir nuestras pasiones. Esas pasiones son dadas por Dios, y son tan profundas y poderosas que se sienten como nuestras propias pasiones.

La gracia nos guía en la danza del amor. La gracia nos muestra cómo tener una comunidad de aceptación y pertenencia al cambiar nuestros deseos. Nos muestra cómo amar. El amor es la danza, y su consecuencia es la comunidad y la comunión. La gracia no causa conformidad, sino singularidad, creatividad y unidad en torno a Cristo.

La humildad es a la gracia lo que la música es a la danza. La humildad activa la gracia. Nuestro primer encuentro con la gracia es a través de la fe en Jesucristo, un acto de entrega. La fe es proclamar a Jesucristo como nuestro Señor. Nos rendimos a su señoría. Crecemos y maduramos por gracia. Servimos, perdonamos y damos; somos mansos, pobres de espíritu y hasta sufrimos. En todos los casos, estos actos de humildad resultan en un torrente de gracia transformadora. El cambio viene de la humildad.

Si queremos ser mejores personas, la clave es enfocarnos en la humildad. Si, en el fondo, quiere bailar, pero no tiene idea real de cómo bailar, bailará cuando suene la música adecuada. Puede que el baile no sea bonito, pero lo que bailamos nos lleva a bailar mejor. La música inspira la danza. La humildad abre nuestros corazones y permite que fluya la gracia; la humildad inspira una pasión por la piedad. El primer paso que damos para iniciar nuestra danza es la rendición. Entregamos nuestras vidas a Jesucristo. La interacción de la humildad y la gracia provoca un efecto de bola de nieve. La justicia se desarrolla y crece a medida que nos humillamos y practicamos la justicia motivada por la gracia. Cambiamos.

La gracia puede ser minimizada por la amargura. Si nos enojamos con Dios o con los demás, podemos amargarnos. La amargura es lo que surge cuando nos concentramos en una injusticia que hemos sufrido. Revivimos la injusticia y repetimos en nuestra mente lo que deberíamos haber dicho o hecho. Incluso les contamos a otros sobre la injusticia que sufrimos. La amargura obstruye el flujo de la gracia. Adán y Eva fueron tentados, pero su pecado se convirtió en resentimiento hacia Dios. Dios era injusto, Dios tenía algo que ellos querían y Dios se lo estaba ocultando. Adán y Eva vivieron en la gracia de Dios, pero la codicia y la amargura resultante los llevaron al pecado. El orgullo se convirtió en su naturaleza, y sus pecados destruyeron su comunión y comunidad. Hebreos 12:15 dice que la raíz de amargura arruinará a la persona. Nada mata la pasión por el baile como una buena discusión y el dolor enconado posterior. La solución es el perdón, un acto de humildad, que vence la amargura.

Volviéndose Aceptable

¿Por qué la confusión acerca de la gracia? ¿Por qué la gracia fue inicialmente entendida como una fuerza de cambio y luego degradada a un estado de ser sin poder? La gracia pasó de "yo puedo" a "yo soy". Este cambio de perspectiva produjo la supuesta analogía del pato que supuestamente compartió el filósofo danés Soren Kierkegaard. Los patos se bambolearon y se lamentaron de lo impotentes que eran. Eran patos lentos y bamboleantes que vivían en el lodo de la vida. Asistieron a la iglesia y escucharon acerca de cómo podían volar. Luego se dirigieron a casa. Nunca usaron sus alas para volar. Su punto era que los patos tenían mucho más potencial de lo que creían, y gran parte de su sufrimiento se debió a que ignoraron su potencial. La gracia como fuerza puede ser conocida y entendida. Cuanto más sabemos y más entendemos, mayor es su efecto en nuestras vidas.

Probablemente sea el caso que la Reforma enturbió las aguas teológicas. La comprensión clásica de la gracia se ocultó en el conflicto sobre el control y los excesos civiles y religiosos de la

Iglesia Católica Romana. Los manifestantes abandonaron la Iglesia Católica y comenzaron sus propias iglesias. Estaban frustrados, amenazados con encarcelamiento y hablaron abiertamente sobre casi todo lo católico. Como resultado, con el tiempo, hubo dos reacciones protestantes a las normas cristianas de comportamiento. Una reacción fue disminuir la importancia del buen comportamiento y centrarse en la aceptación. Se pensaba que el enfoque en aceptar a los demás permitía lograr lo que necesitaba, que era pertenecer. En su forma extrema, este enfoque condujo al universalismo, la creencia de que todos eran aceptados y salvados.

Sin embargo, como todos saben, exigir que todos acepten un comportamiento inaceptable hace imposible formar una comunidad. Los egoístas no practican el amor (y sus virtudes), que es el fundamento mismo de la comunidad. Además, la hostilidad que sentían los protestantes hacia la Iglesia Católica nubló su teología. Se enfocaron en los rituales, los excesos y el dominio de los demás de la Iglesia Católica, y perdieron de vista las enseñanzas de la gracia como una fuerza de cambio.

El otro extremo de formar comunidad que promovieron otros protestantes fue hacer cumplir los requisitos para que uno pudiera vivir en comunidad. Esta táctica era como pertenecer a una organización exclusiva y vivir según reglas estrictas. Este enfoque era legalista. Cada miembro de la comunidad estaba obligado a conformarse para estar en la comunidad. Lamentablemente, incluso Juan Calvino utilizó este enfoque en su teocracia de Ginebra. Estableció reglas de devoción religiosa que se esperaba que siguieran los de Ginebra, y si no lo hacían, los ciudadanos eran castigados con prisión, tortura e incluso la muerte.

Este enfoque legalista de la formación de comunidades lleva a etiquetar a las personas como "los de adentro" y "los de afuera".

Y esto resulta en una comunidad de orgullo, resentimiento, hipocresía, abusos de poder y dominio. Las comunidades de élites son populares porque las élites reciben honor. Jesús desafió a los fariseos no porque predicaran la ley, sino porque vivían como élites (Lucas 18:10-12). No eran siervos humildes. La mayoría, que no está en la élite, vive al margen de la comunidad y alimenta el orgullo de los privilegiados. El problema con el pietismo es la piedad y su compañero, el orgullo.

Estas dos perspectivas se ven a menudo en la historia de la iglesia. Ambos extremos están tratando de hacer lo mismo. Están tratando de formar una comunidad, una, sin límites de comportamiento, solo aceptación; y el otro, con estrictos límites de comportamiento que obligan a todos a conformarse. Pero la gracia hace lo que ningún extremo puede hacer. La gracia produce cambios para que nos comportemos de tal manera que podamos ser aceptados. Sí, eso es correcto: la gracia nos hace aceptables. Nuestros comportamientos inspirados en la gracia nos permiten formar comunidades significativas. No hay forma de tener una comunidad donde hay egoísmo y orgullo. La gracia le da al cristiano una pasión por una vida virtuosa, que nos hace agradables.

Debido a que la gracia conduce a una comunidad significativa, podemos medir los efectos de la gracia. Cuando la gracia tiene éxito, formamos comunidades. ¿Nos está cambiando la gracia? Mira a tu comunidad. ¿Estás en una comunidad? ¿Es esa comunidad significativa? ¿Refleja esa comunidad honor por el otro, servicio al otro y humildad? El Espíritu Santo dio a luz a la iglesia de Jesucristo para ser una comunidad de adoración y compañerismo. Y el Espíritu Santo da la gracia a los seguidores de Cristo para hacer posible la comunidad.

Es fácil gustar de una persona desinteresada. Es fácil agradar a una persona que nos sirve de buena gana y con entusiasmo.

Mundo Arcoíris se convierte en una realidad aquí y ahora a medida que nuestros comportamientos inspirados en la gracia nos ayudan a lograr la comunidad de Dios. Nuestra pasión por ser desinteresados y nuestros comportamientos desinteresados nos hacen aceptables para nuestra comunidad. Pertenecemos porque tenemos valor, y nuestro valor es nuestra humildad y desinterés.

Bailamos porque la fe nos da la gracia, la pasión por bailar. Bailando encontramos aceptación y pertenencia. Y no podemos presumir, porque la danza que bailamos es Dios en nosotros.

No Soy Impotente Porque Quiero Bailar

El libro de Santiago, uno de los libros escritos más antiguos del Nuevo Testamento, habla del cambio. El escritor hace un trabajo increíble al explicar claramente la necesidad de cambiar. A la luz de la gracia, sus palabras tienen perfecto sentido. ¿Cómo puede alguien decir que tiene fe, pero no hay evidencia visible de su fe? Santiago dice que me muestre que ha cambiado cambiando: "Te mostraré mi fe por mis obras" (Santiago 2:18). Más tarde, Santiago asegura a sus lectores que Dios ha puesto el Espíritu de Dios dentro de ellos, y que el Espíritu de Dios da gracia a los humildes (Santiago 4:5-6). No se nos da una identidad sin acciones que demuestren esa identidad. Un bailarín baila; una persona que no baila no es bailarina. No podemos llamar a una persona "cambiada" si no está cambiando. La fe y el cambio son inseparables. Donde no hay cambio, no hay fe.

Estas expectativas de cambio pueden dejar a uno sintiéndose desesperanzado, pero la referencia de Santiago al Espíritu Santo, la humildad y la gracia hacen posible el cambio. El Espíritu da gracia al humilde, y él o ella puede cambiar. Por la fe en Cristo y la infusión de la gracia, encontramos libertad y justicia. Por gracia, los dos son inseparables. Al ser cambiados, encontramos la aceptación de Dios y de los demás. Es como los niños cuando son pequeños: su entusiasmo y energía para sobresalir en lectura, baile, fútbol, natación u ortografía ganan la admiración de sus padres. No son perfectos, pero su deseo de ser más de lo que son toca el corazón de los padres. Somos aceptados por Dios debido a nuestra pasión por cambiar.

¿Quieres cambiar? El cambio es el resultado de la gracia, y la gracia se encuentra en la humildad. ¿Los hombres y las mujeres tienen un pequeño papel que desempeñar en cuanto al cambio? Sí, deben humillarse y luego reciben la gracia. Esta comprensión es la razón por la que las palabras rendición, quebrantamiento, arrepentimiento, sumisión, señorío y servidumbre se encuentran en la Biblia. Son las claves del cambio. La humildad es lo opuesto a trabajar más duro para cambiar. La humildad es entrega. La humildad es el reconocimiento de cuán incapaces somos de hacer el bien o de ser buenos por nuestros esfuerzos. Todos los programas de adicción de doce pasos comienzan con la confesión pública y la rendición. "Soy alcohólico. Soy impotente para cambiar. No puedo cambiar solo". Los teólogos de antaño coinciden en que la humildad y la entrega son esenciales si queremos cambiar.

Cuando lees las Escrituras, te das cuenta de que son un menú de ideas sobre actos de humildad. Las Bienaventuranzas y gran parte del Sermón de la Montaña son letanías de actos de humildad. El llamado constante de Jesús a sus discípulos a entregarse y seguirlo, aceptar que son pecadores, ser servidores y ser pequeños si quieren ser los más grandes son desafíos para ser humildes. Jesús llama a sus discípulos al servicio de los demás ya la humildad. Cuando nuestros pecados nos empujan a los márgenes de la sociedad y, en nuestra vergüenza, nos rendimos, nuestras vidas pueden cambiar. Dios da gracia incluso a los humillados. La humildad inicia la gracia de Dios. La Última Cena, donde Jesús lavó los pies de sus discípulos, les mostró el camino. Jesús, Dios hecho carne, les lavó los pies.

Todos estos actos de servicio hablan de humildad. Ponemos nuestras velas para atrapar los vientos del cambio a través de la humildad. Cambiamos por la gracia, un viento que nos hace sentir libertad y nos inspira y motiva a la santidad y la piedad. Por el don de la gracia bailamos porque queremos bailar.

El cambio se encuentra en la fe en Jesucristo. A través de la fe en Cristo, el creyente recibe su primera dosis de gracia. Entonces la gracia, estos nuevos deleites, abren al creyente a una vida de deleite desinteresado. El desinterés produce lo que todos necesitamos: un lugar de aceptación y pertenencia. La salsa secreta de la gracia es la humildad. La Biblia se convierte en nuestra guía sobre cómo amar a Dios ya los demás. Es nuestro mapa. Explica cómo ser humilde y construir comunidad. Dios da gracia para replicar la comunidad que Dios es.

¿Qué es la gracia? La gracia es Dios en nosotros haciéndonos dispuestos y capaces de hacer Su voluntad. ¿Cómo cambiamos? Por la humildad, Dios nos llena de gracia. ¿Qué es la obra de la gracia? La gracia inicia una vida virtuosa de desinterés que nos hace aceptables en nuestra comunidad—pertenecemos.

La Oración de un Pecador

Dios de la creación y de la comunidad, confieso que soy pecador. Estoy afectado por el orgullo y el egoísmo. Profeso que Jesucristo, tu Hijo, fue humilde y obediente y murió en la cruz para traerme esperanza. Tú, Dios, glorificaste a tu Hijo resucitándolo de entre los muertos. Proclamo que es mi Señor y quiero que mi vida lo glorifique. Lléname con tu Espíritu y transfórmame por tu gracia.
Amén

Bibliografía

Aquinas, Thomas. 1991. *Summa Theologia*. Translated by Timothy S McDermott. Allen, TX: Christian Classics.

Artemi, Eirini. 2017. "The Term Perichoresis from Cappadocian Fathers to Maximus Confessor." *International Journal of European Studies* 1 (1): 21–29.

Augustine. 2007. *Essential Sermons*. Edited by Boniface Ramsey. New York: New City Press Hyde Park.

———. 2010. *On Grace and Free Will*. Translated by Philip Schaff. Kindle. n.p.: GLH Publishing.

———. 2011. *On the Spirit and the Letter*. Translated by Philip Schaff. Kindle. n.p.: Beloved Publishing.

———. 2014. *On the Trinity*. Translated by Philip Schaff. Kindle. n.p.: Aeterna Press.

Barth, Karl, and Keith L Johnson. 2019. *The Essential Karl Barth: A Reader and Commentary*. Kindle. Grand Rapids, MI: Baker Academic.

Boehestein, William. 2014. "Thinking About Vocation." *Legionier Ministries* (blog). July 14, 2014. https://www.ligonier.org/blog/thinking-vocation.

Bonhoeffer, Dietrich. 1995. *The Cost of Discipleship*. 1st Touchstone ed. New York: Touchstone.

Bosch, David Jacobus. 2011. *Transforming Mission: Paradigm Shifts in Theology of Mission*. Twentieth anniversary ed, Kindle. American Society of Missiology Series, no. 16. Maryknoll, NY: Orbis Books.

Bouwsma, William J. 1988. *John Calvin: A Sixteenth-Century Portrait*. New York: Oxford University Press.

Calvin, John. 1509. *The Institutes of The Christian Religion*. Grand Rapids, MI: Christian Classics Ethereal Library. http://www.ccel.org/ccel/calvin/institutes.pdf?url=.

Carder, Kenneth L. 2016. "A Wesleyan Understanding of Grace." United Methodist Church, Interpreter. https://www.resourceumc.org/en/content/a-wesleyan-understanding-of-grace.

Cavanaugh, William T. 1998. *Torture and Eucharist: Theology, Politics, and the Body of Christ*. 1st edition. Malden, MA: Wiley-Blackwell.

Cheah, Fook Ming. 1995. "A Review of Luther and Erasmus: Free Will and Salvation." *Protestant Reformed Theological Journal* 29 (1). www.prca.org.org/prtj/nov95b.

Chester, Tim. 2005. *Delighting in the Trinity*. Kindle. Grand Rapids, MI: Monarch Books.

"Confession of Faith and Government for Cumberland Presbyterians." 1984. Cumberland Presbyterian Church. Memphis, TN. http://www.cumberland.org/gao/confession.

Corey, Benjamin. 2016. "Blessed Are The Shalom-Makers: Toward a Shalom Focused Human Trafficking Aftercare Social Movement." Pasadena, CA: Fuller Theological Seminary.

Dodds, Adam. 2017. *The Mission of The Triune God: Trinitarian Missiology in The Tradition of Lesslie Newbigin*. Kindle. Eugene, OR: Pickwick Publications.

Ford, Paul Richard. 1998. *Discovering Your Ministry Identity: For Teams, Groups, or Individuals : Learning to Be Who You Already Are*. n.p.: ChurchSmart Resources.

Friedrich, Gerhard, and Gerhard Kittel, eds. 1968. *Theological Dictionary of the New Testament Vol. 6*. Vol. VI. Grand Rapids, MI: Eerdmans.

Gaillardetz, Richard R. 2008. *Ecclesiology for a Global Church: A People Called and Sent*. Theology in Global Perspective. Maryknoll, NY: Orbis Books.

Graham, Billy. 1997. *Just as I Am: The Autobiography of Billy Graham*. 1st ed. San Francisco, CA: HarperSanFrancisco; Zondervan.

Haight, Roger. 1979. *The Experience and Language of Grace*. New York: Paulist Press.

Hardon, John A. 1981. *The Catholic Catechism*. Garden City, NY.: Doubleday.

Healy, Nicholas M. 2014. "The Christian Life: In Addition to Augustine and Aquinas: The Christian Life: In Addition to Augustine and Aquinas." *New Blackfriars* 95 (1056): 234–46. https://doi.org/10.1111/nbfr.12065.

Henry, Matthew. 1822. *A Discourse Concerning Meekness and Quietness of Spirit*. Glasgow: D. MacKenzie.

James, William. 2011. *The Varieties of Religious Experience*. Digital version. New York, NY: Logmans, Green and Co. http://search.ebscohost.com.

Johnson, Darrell W. 2002. *Experiencing the Trinity*. Kindle. Vancouver: Regent College Pub.

Kennedy, D. 1912. "Sacraments." In *The Catholic Encylopedia*. New York: Robert Appleton Company. http://www.newadvent.org/cathen/13295a.htm.

Kim, Van Nam. 2014. *Multicultural Theology and New Evangelization*. Lanham, MD: University Press of America, Inc.

Kittel, Gerhard, and Geoffrey William Bromiley. 1964. *Theological Dictionary of the New Testament. Vol. 2*. Grand Rapids, MI: Wm. B. Eerdmans.

Kittel, Gerhard, and Gerhard Friedrich, eds. 1972. *Theological Dictionary of the New Testament Vol. 8*. Vol. VIII. Grand Rapids, MI: Eerdmans.

———, eds. 1974. *Theological Dictionary of the New Testament. Vol. 9*. Translated by Geoffrey Bromiley. Vol. IX. Grand Rapids, MI: Eerdmans.

Knight, Henry H. 2018. *John Wesley: Optimist of Grace*. Cascade Companions 32. Eugene, OR: Cascade Books.

Kolakowski, Leszek. 2012. *God Owes Us Nothing: A Brief Remark on Pascal's Religion and on the Spirit of Jansenism*. Ebook. Chicago: The University of Chicago Press.

Kotter, John P. 2012. *Leading Change*. Kindle. Boston, MA: Harvard Business Review Press.

Lewis, C. S. 2001. *Mere Christianity*. 1st HarperCollins ed. San Francisco: HarperSanFrancisco.

Lewis, Gordon R., and Bruce A. Demarest. 1996. *Integrative Theology*. Grand Rapids, MI: Zondervan.

Luther, Martin. 1520. *Concerning Christian Liberty*. Kindle. n.p.: Astounding-Stories.

———. 2018. *The Bondage of the Will, Luther's Reply to Erasmus' on Free Will*. Translated by Henry Cole. Kindle. n.p.: e-artnow.

McGrath, Alister E., ed. 1995. *The Christian Theology Reader*. Reprint. Oxford: Blackwell.

Minor, Vernon Hyde. 2016. *Baroque Visual Rhetoric*. Toronto Italian Studies. Toronto: University of Toronto Press.

Moreau, A. Scott, Susan Greener, and Evvy Hay Campbell. 2014. *Effective Intercultural Communication (Encountering Mission): A*

    Christian Perspective. Kindle edition. Grand Rapids, MI: Baker Academic.
Nee, Watchman. 1972. *The Latent Power of the Soul*. New York: Christian Fellowship Publishers.
Nieuwenhove, Rik Van, and Joseph Wawrykow. 2010. "Grace." In *The Theology of Thomas Aquinas*, Kindle (PDF). Notre Dame, IN: University of Notre Dame Press.
O'Callaghan, Paul. 2016. *Children of God in the World: An Introduction to Theological Anthropology*. Washington, D.C.: The Catholic University of America Press.
Ott, Craig, Stephen J. Strauss, and Timothy C. Tennent. 2010. *Encountering Theology of Mission: Biblical Foundations, Historical Developments, and Contemporary Issues*. Grand Rapids, MI: Baker Academic.
Paredes, Melissa. 2015. "7 Tips to Find God's Will for Your Life." Wycliffe Bible Translators. www.wycliffe.org. October 30, 2015. https://www.wycliffe.org/blog/posts/7-tips-to-find-gods-will-for-your-life.
Payton, James R. 2007. *Light from the Christian East: An Introduction to the Orthodox Tradition*. Downers Grove, IL: IVP Academic.
Pohle, J. 1909b. "Actual Grace." In *The Catholic Encylopedia*. New York: Robert Appleton Company. http://www.newadvent.org/cathen/06689x.htm.
———. 1909a. "Sanctifying Grace." In *The Catholic Encylopedia*. New York: New Advent. http://www.newadvent.org/cathen/06701a.htm.
Rahner, Karl. 1961. *Theological Investigations*. Translated by Cornelius Ernst. Vol. I. London: Helicon Press.
———. 1997. *The Trinity*. New York: Crossroad Pub.
Scazzero, Peter. 2017. *Emotionally Healthy Spirituality: It's Impossible to Be Spiritually Mature, While Remaining Emotionally Immature*. Kindle Updated edition. Grand Rapids, MI: Zondervan.
Segundo, Juan Luis. 1973. *Grace and The Human Condition*. Vol. 2. A Theology for Artisans of a New Humanity. Maryknoll, NY: Orbis Books.
Smith, James. 1837. *The Posthumos Works of The Reverand and Pious James M'Gready, Late Minister of The Gospel, in Henderson, KY*. Nashville, TN: J. Smith's Steam Press.
Sproul, R.C. 2005. "Augustine and Pelagius." LeaderU. December 12, 2005. http://www.leaderu.com/theology/augpelagius.html.

Swindoll, Charles R. 1990. *The Grace Awakening*. Dallas: Word Pub.
Tanck, Brian. 2021. "OptIN, A Way of Life." Presented at the OptIN Leader Orientation, Scottsboro, AL, September 23.
Tanck, Micaiah, and Tanck, Brian. 2020. *OptIN, Rituals That Lead to Encounter*. Scottsboro, AL: Self-Published, Scottsboro Cumberland Presbyterian Church.
Thomas, Lynndon. 2020. *Relational Missions, Concepts, Perspectives, and Practices That Inform Global Missions*. 1st ed. Memphis, TN: Ministry Council of the Cumberland Presbyterian Church.
Vanderschaaf, Mark. 1976. "Predestination and Certainty of Salvation in Augustine and Calvin." *Studies in Historical Theology and Ethics* 30 (1). https://repository.westernsem.edu/pkp/index.php/rr/article/download/774/807.
Wesley, John. 2013. *The Complete Sermons: John Wesley*. Kindle. n.p.: Hargreaves Publishing.
Westminister Confession of Faith. 1647. PDF digital. https://www.opc.org/documents/CFLayout.pdf.
Winter, Ralph D., Steven C. Hawthorne, Darrell R. Dorr, D. Bruce Graham, and Bruce A. Koch, eds. 2009. *Perspectives on the World Christian Movement: A Reader*. 4th ed. Pasadena, CA: William Carey Library.

Made in the USA
Columbia, SC
02 June 2023